EXECUÇÃO DE ASTREINTES
NO PROCESSO DO TRABALHO

LUÍS MAURÍCIO CHIERIGHINI

Bacharel pela Faculdade de Direito da USP. Mestre em Direito pela PUC de São Paulo.
Professor de Direito do Trabalho e Processo do Trabalho na Faculdade de Direito de Itu-SP — FADITU.
Sócio do escritório Molina & Chierighini Sociedade de Advogados.

EXECUÇÃO DE ASTREINTES NO PROCESSO DO TRABALHO

EDITORA LTDA.

© Todos os direitos reservados

Rua Jaguaribe, 571
CEP 01224-001
São Paulo, SP — Brasil
Fone (11) 2167-1101
www.ltr.com.br

Junho, 2015

Produção Gráfica e Editoração Eletrônica: GRAPHIEN DIAGRAMAÇÃO E ARTE
Projeto de Capa: FABIO GIGLIO
Impressão: PIMENTA GRÁFICA E EDITORA

versão impressa — LTr 5276.4 — ISBN 978-85-361-8394-7
versão digital   — LTr 8693.3 — ISBN 978-85-361-8399-2

Dados Internacionais de Catalogação na Publicação (CIP)
(Câmara Brasileira do Livro, SP, Brasil)

Chierighini, Luís Maurício

Execução de astreintes no processo do trabalho / Luís Maurício Chierighini. — São Paulo : LTr, 2015.

Bibliografia.

1. Direito processual do trabalho 2. Direito processual do trabalho — Brasil 3. Multa (Penalidades) — Brasil I. Título.

15-03131   CDU-347.9:331(81)

Índice para catálogo sistemático:

1. Brasil : "Astreintes" : Direito processual
   do trabalho   347.9:331(81)

DEDICO *este trabalho a minha amada esposa Adriana, a quem agradeço pela paciência, compreensão e apoio, nos momentos em que abriu mão de minha companhia para que eu me dedicasse à elaboração deste trabalho. Sem seu amor, nada disso faria sentido.*

***AGRADEÇO** ao meu estimado Professor, Doutor Pedro Paulo Teixeira Manus, pela dedicação e ensinamentos, mas principalmente por me fazer vislumbrar que é possível a coexistência — e em grau correlato de intensidade — entre a sabedoria acadêmica e a simplicidade e generosidade.*

***AGRADEÇO** também ao meu grande irmão, Professor Romeu Gonçalves Bicalho, pelo generoso incentivo à minha vida acadêmica, pela insistência em me apoiar na concretização deste sonho, mas principalmente por sua amizade incondicional.*

***AGRADEÇO**, finalmente, aos meus amados pais, Teodora e Valter, por me ensinarem a importância da educação e por me darem a base emocional necessária para conduzir os labirintos da vida.*

Sumário

PREFÁCIO — *Pedro Paulo Teixeira Manus* 11

INTRODUÇÃO 13

1 EXECUÇÃO E EFETIVIDADE DO PROCESSO 15
   1.1. A evolução da execução na busca da efetividade do processo 15
   1.2. Execução de obrigações de fazer e não fazer (arts. 461 e 461-A, do CPC) 22

2 ASTREINTES 30
   2.1. Natureza jurídica e características 30

3 EXECUÇÃO PROVISÓRIA 36
   3.1. Execução provisória genericamente considerada 36
   3.2. Execução provisória no Processo do Trabalho 38

4 EXECUÇÃO PROVISÓRIA DE ASTREINTES 43
   4.1. A Polêmica: É possível executar-se provisoriamente as astreintes? ... 43
   4.2. Primeira corrente: impossibilidade 43
   4.3. Segunda corrente: possibilidade, mas com revogação do título exequendo em caso de reforma da decisão precária 45
   4.4. Terceira corrente: possibilidade, independentemente do resultado da eventual revogação do título precário 49
   4.5. Quarta corrente: posição jurisprudencial (Superior Tribunal de Justiça) 52
   4.6. A execução provisória de astreintes no novo Código de Processo Civil 55

5 EXECUÇÃO PROVISÓRIA DE ASTREINTES NO PROCESSO DO TRABALHO 57
   5.1. Da aplicação subsidiária dos arts. 461 e 461-A, do CPC no Processo do Trabalho 57

5.2.	Das hipóteses de execução de obrigação de fazer, não fazer e entregar coisa no Processo do Trabalho..	58
	5.2.1. Das obrigações de fazer..	59
	5.2.2. Das obrigações de não fazer.......................................	60
	5.2.3. Das obrigações de entregar coisa...............................	60
5.3.	Da execução provisória de astreintes vista pela doutrina trabalhista...	61
5.4.	Jurisprudência trabalhista...	64
5.5.	Da execução provisória de astreintes no processo do trabalho e a efetividade da execução trabalhista...	68

CONCLUSÕES.. 73

REFERÊNCIAS BIBLIOGRÁFICAS.. 77

Prefácio

O processo do trabalho assistiu, de um tempo para cá, um aumento assustador no volume de processos ajuizados por todo o nosso país. Não obstante, a Justiça do Trabalho vem dando uma resposta relativamente rápida a este aumento no número de processos, buscando o quanto possível diminuir o tempo de tramitação judicial.

A demora que assistimos, todavia, reside na fase de execução, exatamente porque se trata do momento mais traumático no curso do processo, em que o juízo deve alcançar o patrimônio do devedor, a fim de satisfazer o crédito do exequente quando se trata de obrigação de dar quantia certa; ou quando a condenação é de fazer ou não fazer, ensejando, assim, maior resistência daquele que deve cumprir a coisa julgada.

Diante desta realidade ganha importância o princípio da efetividade do processo, buscando-se concretizar o comando judicial, quando se reconhece algum crédito ao exequente.

Para que se alcance este objetivo de forma célere e segura, com respeito aos princípios constitucionais e processuais, é necessário o apoio seguro da doutrina, fornecendo elementos que embasem as decisões judiciais na fase de execução.

Eis porque é motivo de gáudio para todos o surgimento na literatura jurídica pátria o livro *"Execução de Astreintes no Processo do Trabalho"*, da autoria do Advogado e Mestre em Direito Luis Maurício Chierighini, que constitui importante contribuição para o importante tema da efetividade do processo.

O livro divide-se em cinco capítulos, bem estruturados e que se ocupam da questão central, desde sua introdução até as conclusões a que chega o autor.

O Capítulo I cuida da execução, como momento processual e da questão da efetividade do processo, ocupando-se da evolução da fase de execução e detendo-se no estudo da execução de obrigações de fazer e não fazer.

O Capítulo II estuda o tema central das astreintes, que são uma forma eficiente do juízo obrigar o executado a cumprir a obrigação que se executa, bem como cuida de suas características.

A seguir detém-se o Capítulo III no exame da execução provisória no processo e especificamente no nosso processo do trabalho, como suas características próprias.

O Capítulo IV examina o tema polêmico da execução provisória das astreintes, discorrendo sobre as quatro correntes de pensamento que identifica a respeito e encerrando com o exame do tema no projeto do novo Código de Processo Civil, que em breve substituirá a lei processual comum vigente.

O capítulo V, que é o cerne do livro de Luis Maurício, cuida propriamente da execução provisória de astreintes no processo do trabalho. Discorre sobre a aplicação subsidiária dos atuais artigos 461 e 461-A do Código de Processo Civil. Prossegue ocupando-se as hipóteses de execução de obrigação de fazer, não fazer, entregar coisa no processo do trabalho, discorrendo individualmente sobre cada uma destas modalidades.

A seguir examina o tema na visão doutrinária e jurisprudencial, expondo a questão da execução provisória das astreintes no âmbito do processo do trabalho.

Encerra a obra com as conclusões, após este rico e cuidadoso estudo sobre o tema.

Além do estudo cuidadoso, que resultou na merecida obtenção do título de Mestre em Direito pela Pontifícia Universidade Católica de São Paulo, o autor é advogado militante e professor de Direito do Trabalho e Processo do Trabalho, o que torna sua obra mais atraente e importante, pois consegue aliar a visão teórica de qualidade à prática profissional de alto nível, auxiliando em muito a todos nós.

O Professor e Advogado Luis Maurício Chierighini é bacharel pela Faculdade de Direito da USP, Mestre em Direito na PUC de São Paulo, Professor de Direito do Trabalho e Processo do Trabalho na Faculdade de Direito de Itu-SP — FADITU, além de sócio do escritório Molina & Chierighini Sociedade de Advogados.

Conheci-o no Programa de Pós-graduação da Pontifícia Universidade Católica de São Paulo, onde tive a satisfação de ser seu professor em direito processual do trabalho e ser seu orientador na dissertação de mestrado que deu origem a este importante livro sobre execução de sentença e astreintes no processo do trabalho.

Aluno atento, participativo, de excelente convívio com os colegas, demonstrando grande interesse pelo Direito do Trabalho, bem como seu entusiasmo na defesa de seus pontos de vista nos debates acadêmicos, com postura fraterna e amistosa, auxiliava em muito o bom ambiente em sala de aula, com ótimo aproveitamento de todos.

Alcançou com brilhantismo seu título de Mestre em Direito, com a defesa serena e segura e competente da dissertação apresentada, enriquecida pela sua valiosa experiência profissional.

O livro de Luis Maurício Chierighini trata de importante tema, de forma competente e rica, o que contribui muito para o estudo e atuação profissional de todos que se dedicam ao Direito Processual do Trabalho.

Pedro Paulo Teixeira Manus
Diretor da Faculdade de Direito da PUC-SP.
Professor Titular de Direito do Trabalho da PUC-SP.
Ministro aposentado do Tribunal Superior do Trabalho.

Introdução

O Direito Processual do Trabalho, muito embora seja vanguardista no que diz respeito às inovações tendentes à celeridade processual e à efetividade da entrega da tutela jurisdicional a seus respectivos titulares, ainda não contém um ordenamento jurídico complexo, notadamente no que diz respeito ao direito instrumental. Em outras palavras, o ordenamento jurídico processual trabalhista não abarca um "Código de Processo do Trabalho". Como se sabe, nas lacunas em matéria processual, aplicam-se subsidiariamente, na esteira do art. 769 da CLT, as regras previstas no Código de Processo Civil, naquilo em que não contraponham aos Princípios inerentes ao Direito do Trabalho. Nesse sentido, não resta dúvida de que as decisões que emanam obrigações de fazer e não fazer são aplicáveis subsidiariamente ao processo do trabalho, sendo cada vez mais presentes nas decisões judiciais, justamente em decorrência de seu caráter mandamental, coadunado com objetivo de se buscar cada vez mais a efetividade da Justiça.

Por óbvio, a busca da efetividade da Justiça estimula cada vez mais a prolação de decisões judiciais que tenham eficácia provisória, veiculando a condenação de astreintes em caso de descumprimento no que diz respeito a obrigações de fazer e não fazer. No Processo do Trabalho, podem ser verificadas tais situações tanto em tutelas provisórias como também em decisões definitivas que tenham sido impugnadas por recurso que não tenha efeito suspensivo, hipótese comumente encontrada na seara trabalhista.

Visa este estudo, conforme se depreende da leitura do respectivo tema, enfocar uma questão que ainda intriga e não guarda consenso entre os juristas e doutrinadores, mas que resvala nesta sede pela busca da efetividade da execução, a saber, a possibilidade ou não da execução provisória de astreintes por descumprimento de obrigação de fazer e não fazer, notadamente no Processo do Trabalho. A precariedade do título executivo judicial, decorrente de sua provisoriedade, justifica a impossibilidade de execução imediata das multas pelo descumprimento de obrigação de fazer e não fazer? A eventual impossibilidade de execução provisória das astreintes não desprestigia a ordem judicial? Qual o efeito da revogação do título precário, no que diz respeito à exigibilidade da mencionada modalidade de instrumento coercitivo de cumprimento de uma decisão judicial ? *Ex tunc*? *Ex nunc*? Que efeitos práticos essas considerações provocam?

Esta principal pergunta, qual seja, se é possível realizar a execução provisória das astreintes decorrentes de obrigação de fazer ou não fazer, seja por decorrência de tutela provisória, seja por tutela definitiva, pendente de julgamento de recurso sem efeito suspensivo, provoca a reflexão sobre outros questionamentos:

a) Se possível a execução provisória de astreintes, havendo inércia do devedor no pagamento da execução, como fica a exigência de tal título executivo judicial se a decisão provisória for revogada ou a tutela definitiva reformada?

b) Em havendo pagamento da execução provisória das astreintes por parte do devedor, pode o mesmo repetir o indébito se o título provisório for revogado ou a tutela definitiva reformada em sede recursal?

São questionamentos que se pretende enfrentar, mostrando o posicionamento atual da doutrina e jurisprudência, não sem antes fazer uma abordagem conceitual da execução de obrigação de fazer e não fazer, primeiramente no direito processual civil, culminando no direito processual do trabalho. Em seguida, abordaremos as astreintes como instrumento processual e coercitivo de efetividade do cumprimento das decisões judiciais. Na sequência, evidenciaremos as diversas possibilidades de execução provisória de decisões que veiculem obrigação de fazer e não fazer, ou seja, os títulos executivos judiciais que, ainda precários, encampem a atribuição de astreintes em caso de descumprimento judicial. Finalmente, discutiremos especificamente a possibilidade (ou não) de execução provisória de astreintes, assim como a perduração de seus efeitos (ou perda de seu objeto) em caso de revogação posterior da decisão judicial cujo descumprimento geraria a multa pelo descumprimento por obrigação de fazer.

A relevância do tema é inquestionável. Referida preocupação com a questão não se limita à fria objetividade normativa, mas reflete a tendente busca dos Poderes Judiciários dos países constituídos pelo chamado Estado Democrático de Direito de soluções que representem a efetividade na garantia de tais direitos. Até que ponto a perda do objeto de uma execução provisória da multa por descumprimento de uma decisão judicial de obrigação de fazer ou não fazer descumprida enquanto vigente seria um desprestígio à ordem judicial, na medida em que as astreintes têm justamente a função precípua de desestimular o descumprimento de ordem judicial? Por outro lado, como exigir uma multa pelo descumprimento de uma obrigação que, em análise formal ou material, tornou-se inconsistente?

Enfim, o presente estudo deverá abordar todas essas questões afetas ao direito processual brasileiro, notadamente no que diz respeito ao direito processual do trabalho, oportunidade em que se espera o encontro de novas perguntas e respostas a tão importante tema, ao qual se propõe uma análise aprofundada.

1 Execução e efetividade do processo

1.1. A evolução da execução na busca da efetividade do processo

Desde que a humanidade encontrou a heterocomposição como principal fonte de solução de conflitos, como forma de buscar a paz social, através da criação do monopólio da Justiça, os aplicadores do Direito frequentemente depararam-se com dificuldades na efetiva entrega da tutela jurisdicional. Isto porque nem sempre o vencido, mesmo diante de uma decisão judicial transitada em julgado, sucumbia à sua obediência. Essa relutância do vencido em cumprir a ordem judicial emanada pelo poder jurisdicional provocou a necessidade de o Estado criar mecanismos de obrigar a parte vencida a cumprir aquela decisão judicial da qual não mais coubesse qualquer possibilidade de impugnação.

Naturalmente, seria salutar, para não dizer utópico, que a sociedade agisse de forma a que seus cidadãos cumprissem espontaneamente as sentenças judiciais transitadas em julgado, antecipando-se a solução dos conflitos. A civilização, infelizmente, não guarda tamanho grau de consciência. Ainda que os conflitos possam ser solucionados de forma menos traumática à medida do desenvolvimento cultural de determinada comunidade, fato é que faz parte da essência do homem resistir a aceitar uma decisão — judicial ou não — que contrarie seus interesses. A resistência, muitas vezes de forma agressiva, é inerente ao comportamento humano. *Sigmund Freud*[1] já apontava que a agressividade era um componente instintivo do ser humano. Foi mais além: concluiu que a cultura impôs sacrifícios ao homem, como abrir mão de seu instintivo comportamento agressivo (e da felicidade decorrente de agir instintivamente) em troca de um tanto de segurança.

É possível estabelecer uma analogia entre esse retrato da submissão do homem à civilização (*kultur*), constatado por *Sigmund Freud*, e o que se verifica nos dias atuais, no que diz respeito ao fenômeno de obediência do homem ao Direito. Daí por que

---

(1) FREUD, Sigmund. *O mal-estar na civilização*. São Paulo: Penguin Classics Companhia das Letras, 2011. p. 61.

concluir que o Direito como instrumento de solução de conflitos somente seria pleno caso obtivesse ferramentas capazes de atender, não só ao reconhecimento de um direito, através dos processos de conhecimento, mas também fosse capaz de exigir dos vencidos o cumprimento das decisões judiciais, sob pena de restringir o Direito tão somente aos tutelados que fossem afortunados por terem, no polo oposto da demanda judicial, sucumbentes que fossem cumpridores espontâneos das chamadas sentenças[2].

Eis a importância da função jurisdicional: impor o cumprimento da ordem jurídica àquelas pessoas que a desrespeitarem, através de órgãos estatais investidos de poderes para tanto. Somente assim é possível fazer valer a garantia constitucional de inafastabilidade do controle jurisdicional, elemento fundamental para a sustentação de um Estado de Direito[3].

Dessa forma, caso não atendido espontaneamente a uma determinação judicial, vale-se o Estado-juiz da chamada tutela jurisdicional executiva, que abrange não somente os meios executivos diretos (com a participação do devedor), assim como os indiretos (sem a participação do devedor), também chamados de coação, sobre os quais este trabalho abordará[4].

Atribuindo a tal questão o mesmo grau de importância, *Araken de Assis*[5], ao abordar a eficácia executiva, identifica ser a satisfação do autor vitorioso fruto da prática de atos materiais tendentes a outorgar-lhe o bem da vida, pouco importando o mero reconhecimento da procedência da demanda ajuizada. Ter razão não significa, necessariamente, ter o bem da vida.

Para se ter o bem da vida é que a chamada efetividade da Justiça guarda relevo. É esse o nível de abrangência que se deve dar à garantia constitucional do direito de ação, previsto no art. 5º, inciso XXXV, da Constituição Federal de 1988, no sentido de que "a lei não excluirá da apreciação do Poder Judiciário lesão ou ameaça a direito", a qual deve ser interpretada como o dever do Estado-juiz de prestar ao jurisdicionado uma tutela adequada, útil e eficaz, como forma de manter a paz social, assim como para justificar a exigência de abstenção por parte de todos os cidadãos da utilização do instituto da autodefesa como forma de solucionar os conflitos sociais[6].

---

(2) Expressão utilizada em seu sentido lato.
(3) SPADONI, Joaquim Felipe. *Ação inibitória: a ação preventiva no art. 461 do CPC*. 2. ed. São Paulo: Revista dos Tribunais, 2007. p. 21.
(4) COSTA, Marcelo Freire Sampaio. *Execução provisória nas ações coletivas trabalhistas*. São Paulo: LTr, 2012. p. 92.
(5) ASSIS, Araken de. *Manual da Execução*. 13. ed. São Paulo: Revista dos Tribunais, 2010. p. 96.
(6) SPADONI, 2007. p. 25.

Nessa postura mais humana do direito processual, para utilizar a expressão atribuída por *Luiz Guilherme Marinoni*[7], no sentido de se reconhecer a existência do referido ramo do Direito como instrumento para servir plenamente àqueles que, dentro do círculo social, podem envolver-se em conflitos, é que a execução foi evoluindo para se despir gradativamente da roupagem formal e se aproximar de seu real propósito, servir às pessoas, estreitar-se ao direito material, estar mais atento à realidade social.

Nas palavras de *Carlos Henrique Bezerra Leite*:

> *"Um sistema judiciário eficiente e eficaz deve propiciar a toda pessoa um serviço público essencial: o acesso à justiça. É preciso reconhecer, nesse passo, que a temática do acesso à justiça está intimamente vinculada ao modelo político do Estado e à hermenêutica do direito processual como instrumento de efetivação dos direitos reconhecidos e positivados pelo próprio Estado."*[8]

Nem sempre foi assim. O Estado Liberal, que emergiu das revoluções burguesas dos séculos XVII e XVIII, inspirado no princípio da liberdade, foi marcado pela defesa irrestrita da subordinação total ao direito positivo, o que servia aos interesses da classe dominante.

De fato, se o século XVIII é marcado pelo reconhecimento do princípio da liberdade como fiel guardião dos Direitos Individuais, também é verdade que o Estado Liberal, inspirado no mesmo princípio acima mencionado, propagou outra forma de desigualdade e injustiça, na medida em que permitiu que o forte tivesse liberdade para explorar o fraco.[9]

Daí por que, a partir do século XX, com o advento do Estado Social, observa-se a preocupação de, baseado no princípio da igualdade, limitar-se a desenfreada liberdade dos particulares, como forma de proteger o mais fraco da relação jurídica, frente à eventual opressão advinda da sobrepujança que a autonomia da vontade poderia permitir ao mais forte.

Roque Antonio Carrazza[10], em remissão a *Pollard*, ressaltou o célebre brocardo segundo o qual *"a liberdade do fraco depende das limitações impostas ao forte; e do pobre, das limitações impostas ao rico; a do pobre de espírito, das limitações impostas ao astuto"*. É nesse contexto que se observa, a partir da segunda metade do século XX, após

---

(7) MARINONI, Luiz Guilherme. *Tutela inibitória:* individual e coletiva. 3. ed. São Paulo: Revista dos Tribunais, 2003. p. 23.

(8) LEITE, Carlos Henrique Bezerra. *Curso de direito processual do trabalho.* 9. ed. São Paulo: LTr, 2011. p. 35.

(9) LAURINO, Salvador Franco de Lima. *Tutela jurisdicional: cumprimento dos deveres de fazer e não fazer.* Rio de Janeiro: Elsevier, 2010. p. 2.

(10) CARRAZZA, Roque Antonio. *Curso de direito constitucional tributário.* 5. ed. São Paulo: Malheiros Editores, 1993. p. 213.

o término da Segunda Guerra Mundial, o crescimento do desejo de reconstrução dos direitos humanos, partindo-se do reconhecimento da força normativa dos princípios constitucionais, do elo entre processo e Constituição, almejando-se o que se denominou acesso à justiça.[11]

A crise do Estado Social, verificada a partir da década de 1970, eclodida por conta de diversos fatores, como a crise do petróleo, a explosão demográfica decorrente do avanço da medicina e da melhoria do saneamento básico, provoca profunda crise financeira mundial, contribuindo para o fortalecimento de uma nova corrente neoliberal, defensora do enfraquecimento do Estado como garantidor de maior igualdade social. Não obstante, o neoliberalismo globalizado fez emergir problemas inerentes à exclusão social, à fome, à miséria, à igualdade e à dignidade da pessoa humana.[12]

É a partir desse contexto que, inspirado no Estado Democrático de Direito, também intitulado de Estado Constitucional, passa-se a buscar a proteção não apenas dos direitos fundamentais de primeira dimensão (inspirados no princípio da liberdade) e segunda dimensão (ligados ao princípio da igualdade), mas também o de terceira dimensão (calcados no princípio da solidariedade/fraternidade), tais como os interesses difusos, coletivos e individuais homogêneos.

Como bem elucida *Carlos Henrique Bezerra Leite:*

> *"O principal objetivo do Estado democrático de Direito não é apenas justificar os direitos sociais como direitos humanos, mas, sim, garanti-los. Daí a importância do Poder Judiciário (e do processo) na promoção da defesa dos direitos fundamentais e da inclusão social, especialmente por meio do controle judicial de políticas públicas."*.[13]

Inspirada nessa nova dimensão dada ao processo, surge uma nova corrente do Direito, intitulada de neoconstitucionalismo, calcada na compreensão de que os princípios são normas autônomas, impositivas de ponderação, que estabelecem um fim a ser atingido sem estabelecer um meio, diferentemente das regras, que explicitam um meio.[14]

Seguindo a tendência neoconstitucionalista ora abordada, *Robert Alexy*[15] definiu princípios como mandamentos de otimização, enquanto regras são normas que sempre são satisfeitas ou não satisfeitas. Princípios são normas que positivam

---

(11) CARRAZZA, Roque Antonio. *Curso de direito constitucional tributário.* 5. ed. São Paulo: Malheiros Editores, 1993. p. 3.
(12) LEITE, 2011. p. 38/39.
(13) *Ibid.*, p. 39.
(14) MARTINS, Ricardo Marcondes. *Abuso de direito e a constitucionalização do direito privado.* São Paulo: Malheiros, 2010. p. 17.
(15) ALEXY, Robert. *Teoria dos direitos fundamentais.* São Paulo: Malheiros, 2008. p. 91.

um valor, determinam que esse valor seja concretizado na maior medida possível. Servem, portanto, não só para interpretação ou validação das regras, mas também para disciplinar a conduta, especialmente do agente normativo.[16]

Ronald Dworkin foi um dos precursores dessa nova abordagem do direito, inclusive servindo de inspiração às ponderações de *Robert Alexy*. Para aquele, a diferença entre princípios e regras é de natureza lógica. Enquanto estas seriam aplicáveis à maneira do tudo ou nada, os princípios possuiriam dimensões de peso, inexistentes nas regras. Por conta disso, a solução de conflitos entre princípios não se encontraria no plano da validade, diferentemente do que se verifica no caso de conflitos entre regras, mas dependeria de um juízo de ponderação, em que um desses princípios colidentes, para aquele caso concreto, teria peso relevante. No entanto, a relevância de um princípio não redundaria, todavia, na extirpação do ordenamento jurídico daquele outro de peso inferior, assim considerado no caso concreto.[17]

É seguindo essa linha de condução de raciocínio que *Ronald Dworkin* defendia a chamada integridade no direito, sustentando que os aplicadores do direito deveriam reconhecer o direito como integridade, o que significa que os juízes deveriam admitir, na medida do possível, que o direito é estruturado por um conjunto coerente de princípios sobre a justiça, a equidade e o devido processo legal adjetivo. Além disso, cumpriria ao juiz, em sua missão ao aplicar o Direito ao caso concreto, a tarefa de prestigiar o compromisso com a integridade, notadamente no que intitula de casos difíceis (*hard cases*), nos quais os juízes buscariam a solução tentando encontrar, em algum conjunto coerente de princípios sobre os direitos e deveres das pessoas, a melhor interpretação da estrutura política e da doutrina jurídica de sua comunidade.[18]

Essa relação entre Estado Democrático de Direito e neoconstitucionalismo foi esclarecida por *Robert Alexy*, que apontou que, diferentemente do entendimento anteriormente defendido pelos positivistas, não haveria possibilidade de separação entre política e direito, receio decorrente da legitimação jurídica do regime nazista. O legislador não mais poderia ter a liberdade de agir sem considerar os princípios jurídicos que norteiam a democracia. O agente normativo, portanto, não seria mais livre, mas estaria vinculado à Constituição, agindo de forma discricionária, com poderes vinculados aos direitos fundamentais inerentes à Lei Maior.[19]

A grande preocupação identificada pelos juristas após a segunda metade do século XX, sobretudo no direito alemão, de banir sistemas jurídicos que fossem capazes de propiciar a legitimação de regimes nefastos, como foi o caso do nazismo, deu escopo para o surgimento da chamada teoria estruturante do direito, de *Friedrich Muller*.[20]

---

(16) MARTINS, 2010. p. 26/27.
(17) COSTA, 2012. p. 29/30.
(18) DWORKIN, Ronald. *O império do direito*. São Paulo: Martins Fontes, 2003. p. 291 e p. 305.
(19) MARTINS, 2010. p. 30.
(20) MULLER, Friedrich. *Teoria estruturante do direito*. São Paulo: Revista dos Tribunais, 2008. p. 55-82.

Professor e jurista da Universidade de Heidelberg, *Friedrich Muller* desenvolveu a chamada Teoria Estruturante do Direito, inserida em um contexto pós-positivista, através da qual propõe estruturar a ação jurídica a partir do Estado Social e Democrático de Direito (em contraponto ao modelo positivista, supostamente pragmático e, portanto, não inibidor de ideias que pudessem violar a democracia).

Para tanto, a teoria estruturante do direito é uma contraposição ao modelo positivista (que defende norma preestabelecida e pronta para ser aplicada). Para *Muller*, NORMA não é apenas o "dever-ser", mas um fenômeno composto de linguagem e fatos. A norma não existe sem o caso concreto. Somente assim é possível que o sistema jurídico garanta o chamado *mínimo de eficácia*.

O jurista alemão em comento sempre defendeu sua teoria estruturante dos críticos que a reputavam insegura, afirmando que ao invés de produzir insegurança, pelo seu caráter totalmente avesso ao positivismo kelseniano, sua teoria propiciaria um sistema jurídico mais *sincero*, na medida em que o Direito nasceria a partir do caso concreto, tornando-se mais adaptável aos anseios dos tutelados.

A Teoria Estruturante do Direito está focada na concepção de que norma jurídica é fruto da criação da aplicação do direito no caso concreto, isto é, ela não preexiste nos códigos. As codificações e constituições seriam apenas textos de norma, que devem, através de um trabalho de concretização, ser transformados em normas jurídicas. Desse modo, entende-se que a norma jurídica é o resultado de um trabalho de construção ou de concretização.

Este modelo que muito se adequa ao sistema jurídico de inspiração anglo--saxônica, em última análise, reconhece que é o julgador o criador da norma, eis que ele a cria, edificando-a ao caso concreto, cabendo ao agente normativo tão somente o papel de criar texto de norma, que é apenas um ponto de partida para a concretização, bem como um limite para a concretização legal e legítima, diante das premissas de um Estado Democrático de Direito.

Há que se reconhecer, portanto, que a visão neoconstitucional do direito nega a existência de campos da política imunes ao direito, na medida em que jamais será possível dissociar-se o sistema jurídico de premissas básicas inerentes ao Estado Democrático de Direito. São premissas básicas (mínimo de eficácia) a respeito das quais jamais se poderia admitir a existência de um sistema jurídico que as negue.[21]

Não se pode negar, todavia, a contribuição da chamada Teoria Pura do Direito. O estudo sistemático do Direito, sob a abordagem de *Hans Kelsen*, propiciou dar ao Direito o enfoque de CIÊNCIA. No entanto, sua visão pragmática do Direito foi francamente criticada.

---

(21) MARTINS, 2010. p. 31.

José Afonso da Silva[22] foi um dos que endossou a crítica à Teoria Pura do Direito, ao apontar que a concepção jurídica de *Hans Kelsen* contribuiu para deformar o conceito de Estado de Direito, na medida em que, por enxergar o Direito somente como norma pura, desvinculada de qualquer conteúdo, chegar-se-ia a uma ideia formalista dos interesses ditatoriais.

Pois mesmo *Hans Kelsen*, criador da Teoria Pura do Direito, contra a qual os neoconstitucionalistas se insurgiram, admitia que a ordem jurídica deveria partir de uma norma que conferisse validade a uma constituição. Conforme suas próprias palavras, seria:

"norma que dá aos pais dessa primeira constituição sua autoridade, isto é, uma norma segundo a qual uma pessoa deve conduzir-se em conformidade com suas decisões, não pode ser ela própria uma norma legal positiva criada por algum ato legislativo. É uma norma pressuposta pelos que consideram o estabelecimento da primeira constituição e os atos executivos em conformidade com ela como atos criadores de Direito. (...). Essa norma é a norma fundamental de uma ordem jurídica nacional. Como podemos falar de uma ordem juridicamente obrigatória apenas se pressupusermos essa norma (que não é uma norma do Direito positivo), ela pode ser chamada uma norma hipotética. Essa norma fundamental é a base de todos os juízos jurídicos de valor possíveis na estrutura da ordem jurídica de um Estado dado."[23]

Portanto, é nesse contexto histórico que a busca do acesso à Justiça e da efetividade do processo adquirem importância. Destaca-se o caráter público do Direito Processual mesmo quando instrumento de solução de conflitos de natureza individual, na medida em que se vislumbra o interesse público estatal na busca da solução de conflitos, através da aplicação do direito e, consequentemente, na realização da Justiça.[24]

Não foi por outra razão que os legisladores brasileiros, atentos a esse movimento consubstanciado na busca da chamada efetividade do processo, propiciaram a reforma processual advinda da promulgação da Lei n. 11.232/2005, que rechaçou o caráter autônomo do processo de execução, transformando-o em uma fase do processo de conhecimento, o chamado cumprimento de sentença.

Mesmo anteriormente a tal reforma, outras substanciais foram realizadas na legislação processual brasileira, inspirada na ideia de se buscar maior efetividade às decisões judiciais. Trata-se das significativas alterações evidenciadas na execução de

---

(22) SILVA, José Afonso da. *Curso de direito constitucional positivo.* 13. ed. São Paulo: Malheiros Editores, 1997. p. 115.
(23) KELSEN, Hans. *O que é Justiça? A Justiça, o Direito e a Política no espelho da ciência.* São Paulo: Martins Fontes, 2001. p. 215.
(24) COSTA, 2012. p. 43/44.

obrigações de fazer e não fazer e de entregar coisa, de inspiração mandamental, verificada nos arts. 461 e 461-A, do CPC, com a redação imposta pelas Leis ns. 8.952/94 e 10.444/2002.

Evidencia-se, portanto, o profundo grau de atualidade do qual o tema *execução* está revestido e sob qual manto deverá ser acolhido.

1.2. Execução de obrigações de fazer e não fazer (arts. 461 e 461-A, do CPC)

Para se compreender a execução de obrigações de fazer e não fazer é necessário balizar-se previamente no conceito de execução forçada.

A execução forçada é definida por *Manoel Antonio Teixeira Filho* como:

> *"a atividade jurisdicional do Estado, de índole essencialmente coercitiva, desenvolvida por órgão competente, de ofício ou mediante iniciativa do interessado, como objetivo de compelir o devedor ao cumprimento da obrigação contida em sentença condenatória transitada em julgado ou em acordo inadimplido ou em título extrajudicial previsto em lei*[25]*".*

Foi a maneira encontrada pelo Direito para fazer prevalecer a vontade da comunidade, manifestada em uma decisão judicial proferida pelo Estado-juiz, frente à recusa individual de uma das partes figuradas em um conflito de interesses em obedecê-la.

É importante ressaltar que, muito embora *Manoel Antonio Teixeira Filho* defina execução forçada sob o enfoque da execução definitiva, ele próprio admite a possibilidade da realização da execução forçada, sob a modalidade provisória, quando a sentença seja impugnável por meio de recurso sem efeito suspensivo.[26]

Leo Rosenberg[27], ainda em meados do século XX, já definia a execução forçada como um procedimento para a realização de pretensões de prestação ou por responsabilidade, mediante coação estatal. Dizia o jurista alemão que a execução forçada definia-se como a realização de pretensões de direito material mediante coação estatal. Por isso, pertencia por inteiro ao direito público e se contrapunha à autodefesa.

---

(25) TEIXEIRA FILHO, Manoel Antonio. *Execução no Processo do Trabalho.* 8. ed. São Paulo: LTr, 2004. p. 33/34.
(26) *Ibid.*, p. 42.
(27) ROSENBERG, Leo. *Tratado de Derecho Procesal Civil — Tomo III — La Ejecución Forzosa.* Buenos Aires: Ediciones Juridicas Europa-America, 1955. p. 4.

A execução forçada, portanto, é a via processual adequada para fazer valer o cumprimento de um título executivo sem o concurso da vontade do obrigado no que diz respeito ao resultado prático objetivado pela regra jurídica desobedecida.[28] Em outras palavras, é o remédio processual, dentro do provimento condenatório, de que se vale o exequente para fazer valer a entrega da tutela jurisdicional, ainda que por sub-rogação, vale dizer, mesmo quando a resistência do demandado se impõe. Daí por que se diz que só há condenação onde é possível a execução forçada, a qual viabiliza a satisfação do direito ao tutelado, mesmo sem o concurso da vontade do devedor.

Seguindo a tendência de dar maior efetividade ao direito, conforme tema já abordado acima, a reforma processual advinda da promulgação da Lei n. 11.232/2005, de fato, introduziu avanços no sistema jurídico processual brasileiro, na medida em que transformou o então caráter autônomo do "processo de execução" como um mero expediente do processo de conhecimento, o cumprimento de sentença. Assim, diversas formalidades antes necessárias para a exigência do cumprimento da tutela jurisdicional por parte do executado deixaram de existir, especialmente a citação do executado para pagar ou garantir a execução, substituída pela simples intimação, e na pessoa de seu advogado, do requerimento de liquidação de sentença (art. 475-A, § 1º, do CPC).

Amauri Mascaro Nascimento[29] abordou tal questão, apontando que há duas situações que se diferem: (1) o *cumprimento espontâneo da sentença líquida*, mesmo pendente de recurso, sob pena de multa de 10%, o qual se verifica quando a parte intimada para cumpri-la o faz dentro do prazo de quinze dias estabelecido pela lei (art. 475-J, do CPC) e (2) *execução forçada da sentença*, que é a imposição do cumprimento da sentença depois desse prazo e quando o devedor não efetuar o cumprimento da obrigação.

Como se observa do próprio rito da execução forçada da sentença, suas características não privilegiam a celeridade processual, na medida em que não impõem ao executado a determinação do cumprimento imediato da decisão judicial.

Diferentemente do que ocorre com a execução forçada, no que diz respeito à ausência de imediatidade de efeitos da tutela jurisdicional, ganha importância no cenário processual brasileiro uma outra modalidade de execução, inspirada no mesmo movimento reformista de gênese neoconstitucional, focada na busca do acesso à Justiça e na efetividade do processo, as chamadas tutelas específicas de obrigação de fazer e não fazer.

Nas ações que tenham por objeto o cumprimento de obrigação de fazer ou não fazer, se procedente o pedido, o juiz concederá a tutela específica da obrigação

---

(28) LAURINO, 2010. p. 73.
(29) NASCIMENTO, Amauri Mascaro. *Curso de Direito Processual do Trabalho*. 26. ed. São Paulo: Saraiva, 2011. p. 759.

ou determinará providências que assegurem o resultado prático equivalente ao adimplemento. O grande diferencial da tutela específica da obrigação é a imediatidade do efeito, devendo ser cumprida desde logo sob pena de aplicação de multa por descumprimento da referida obrigação, as chamadas astreintes, as quais serão tratadas mais adiante.[30]

Referido modelo de tutela é inovador no nosso ordenamento jurídico, na medida em que não só dá ensejo a atos executivos, como também tem a chamada força mandamental.[31] As sentenças mandamentais contêm *ordem* a ser atendida pelo réu, sob pena de lhe ser aplicada medida coercitiva, podendo ser multa ou prisão, ou até mesmo configurar crime de desobediência[32]. Trata-se do art. 461, do CPC (sensivelmente alterado pelas Leis n. 8.952/94 e n. 10.444/2002), ora reproduzido:

> Art. 461. Na ação que tenha por objeto o cumprimento de obrigação de fazer ou não fazer, o juiz concederá a tutela específica da obrigação ou, se procedente o pedido, determinará providências que assegurem o resultado prático equivalente ao do adimplemento.
>
> § 1º A obrigação somente se converterá em perdas e danos se o autor o requerer ou se impossível a tutela específica ou a obtenção do resultado prático correspondente.
>
> § 2º A indenização por perdas e danos dar-se-á sem prejuízo da multa (art. 287).
>
> § 3º Sendo relevante o fundamento da demanda e havendo justificado receio de ineficácia do provimento final, é lícito ao juiz conceder a tutela liminarmente ou mediante justificação prévia, citado o réu. A medida liminar poderá ser revogada ou modificada, a qualquer tempo, em decisão fundamentada.
>
> § 4º O juiz poderá, na hipótese do parágrafo anterior ou na sentença, impor multa diária ao réu, independentemente de pedido do autor, se for suficiente ou compatível com a obrigação, fixando-lhe prazo razoável para o cumprimento do preceito.
>
> § 5º Para a efetivação da tutela específica ou a obtenção do resultado prático equivalente, poderá o juiz, de ofício ou a requerimento, determinar as medidas necessárias, tais como a imposição de multa por tempo de atraso, busca e apreensão, remoção de pessoas e coisas, desfazimento de obras e impedimento de atividade nociva, se necessário com requisição de força policial.
>
> § 6º O juiz poderá, de ofício, modificar o valor ou a periodicidade da multa, caso verifique que se tornou insuficiente ou excessiva.

---

(30) LOBO, Luiz Felipe Bruno. *Comentários ao CPC no processo do trabalho, Arts. 270 ao 475 — Tomo II*. São Paulo: LTr, 1997. p. 249.
(31) WAMBIER, Luiz Rodrigues; TALAMINI, Eduardo. *Curso avançado de processo civil*. 11. ed. São Paulo: Revista dos Tribunais, 2010. p. 383.
(32) Convém alertar a observação dos juristas: "Contudo, não se trata de poder ilimitado que o juiz recebe. Fica afastada a adoção de qualquer medida que o ordenamento vede (por exemplo, a prisão civil, permitida apenas na estrita hipótese do art. 5º, LXVII).".

O objetivo primordial do sistema instituído pelo artigo acima reproduzido é propiciar a entrega da tutela jurisdicional exatamente da forma que ocorreria no caso de cumprimento espontâneo por parte do réu. O § 1º do referido dispositivo legal evidencia que a conversão em perdas e danos somente pode ocorrer *se impossível a tutela específica ou a obtenção do resultado prático correspondente*. Eis o caráter de efetividade do dispositivo processual em destaque: para se atingir o resultado esperado, vale-se o Estado-juiz de meios substitutivos da conduta do réu, para forçá-lo a adotar o comportamento devido. Veiculará, portanto, uma ordem, revestida de autoridade estatal.[33]

Há que ressaltar que as imposições de essência mandamental previstas nos parágrafos do art. 461 do CPC são aplicáveis às obrigações de entrega de coisa, conforme disposição expressa do art. 461-A, do CPC, introduzido no ordenamento jurídico pela Lei n. 10.444/2002.

Os deveres de fazer, de não fazer e de entregar coisa podem revestir-se de natureza fungível ou infungível. Quando a tutela específica veicular um dever *fungível*, seja ele de fazer, de não fazer ou de entregar coisa, é possível recorrer-se ao provimento condenatório para fazer valer o direito do tutelado, mesmo sem o concurso da vontade do demandado, através da sub-rogação. No entanto, ainda que seja possível, o emprego da via mandamental é revestido de eficácia muito superior, na medida em que busca, através de medidas coercitivas, o cumprimento pelo próprio réu. Já, no tocante ao dever de fazer, não fazer e de entrega de coisa *infungível*, o provimento mandamental é a única opção de que dispõe o tutelado para impelir o demandado a cumprir a decisão judicial que lhe foi imposta.[34]

Portanto, no caso de deveres de fazer, não fazer e entregar coisas infungíveis, o provimento mandamental é a única via processual de que pode recorrer o credor para impelir o devedor a cumprir a ordem judicial. Na hipótese de tais deveres serem fungíveis, ainda que o provimento condenatório seja viável, eis que possível a sub-rogação da tutela condenatório-executiva, o sistema implantado pelo art. 461 do CPC impõe a prevalência da via mandamental, seguindo a seguinte ordem preferencial: (1) impelir o réu ao cumprimento do dever específico; (2) não sendo possível, assegurar o resultado prático correspondente ao adimplemento; (3) e como última hipótese, em caráter excepcional, a conversão em perdas e danos.

É nítido, portanto, o caráter do qual se reveste o dispositivo contido no art. 461 do CPC no sentido de impor ao réu o cumprimento do exato bem de vida que seria concretizado caso houvesse a estrita observância dos deveres de fazer e de não fazer impostos pela ordem judicial.

---

(33) WAMBIER, 2010. p. 386.
(34) TALAMINI, Eduardo. *Tutela relativa aos deveres de fazer e não fazer: e sua extensão aos deveres de entrega de coisa (CPC, arts. 461 e 461-A, CDC, art. 84)*. 2. ed. São Paulo: Revista dos Tribunais, 2003. p. 220/223.

Não bastasse o caráter mandamental afeito ao sistema de tutela previsto no art. 461 do CPC, aplicável não só aos deveres de fazer e de não fazer, mas também às obrigações de entrega de coisa, evidencia-se no referido dispositivo legal a inclusão de um sistema especial de tutela preventiva, aquela cuja serventia verifica-se antes mesmo da lesão ao direito, justamente para evitá-la, para inibi-la. Daí por que são chamadas de *ação inibitória*.

Joaquim Felipe Spadoni define ação inibitória como sendo *uma das formas de se alcançar preventivamente a tutela específica das obrigações de fazer, não fazer ou de entrega de coisa*.[35]

Referido jurista define ainda que obrigações de fazer são aquelas que impõem ao devedor determinado comportamento positivo, à prática de um ato, material ou imaterial, em benefício do credor. Em relação às obrigações de não fazer, *Joaquim Felipe Spadoni*[36] as define como aquelas em que o devedor se vincula por um comportamento negativo, consubstanciado na abstenção da prática de determinado ato que lhe seria facultado caso não houvesse o impedimento de tal prática decorrente da imposição de uma tutela específica. Finalmente, no tocante às obrigações de entrega de coisa, são aquelas entendidas como o dever de entrega de um bem, seja transferindo-lhe a propriedade, seja cedendo-lhe a posse, seja para restituí-la.

Luiz Guilherme Marinoni[37] reconhece que o art. 461 do CPC constitui fonte de vários instrumentos processuais necessários à efetividade da concessão de diversas tutelas, dentre as quais a inibitória, cuja razão de existir é a necessidade da qual todos os ordenamentos jurídicos devem se revestir para buscar a efetividade aos direitos, evitando-se sua violação.

A efetividade dos direitos os quais se almeja caminha ao encontro da prevalência da entrega da tutela específica pretendida, quando ainda possível, em resultado equiparável ao cumprimento espontâneo da obrigação. Segundo essa nova ótica, não se configura faculdade do devedor optar pelo cumprimento da obrigação ou indenização equivalente. Deve-se priorizar aquele em detrimento deste. Ainda que haja entendimento doutrinário contrário[38], não se aplica mais no direito brasileiro, ao menos no que diz respeito ao sistema previsto no art. 461 do CPC, o princípio da impossibilidade de coação do devedor à prestação do fato ao qual estava obrigado, esculpido pelo brocardo *nemo praecise potest cogi ad factum*.

Não se pode recorrer à autonomia da vontade, inerente ao princípio fundamental da liberdade, como obstáculo à sobrepujança da priorização natural do cumprimento específico da obrigação ao invés da possibilidade alternativa de indenização por parte

---

(35) SPADONI, 2007. p. 74.
(36) *Ibid.*, p. 74/75.
(37) MARINONI, 2003. p. 114/115-124.
(38) Maria Helena Diniz, Silvio Rodrigues e Orlando Gomes são exemplos dos defensores dessa corrente, apontados em Spadoni, Joaquim Felipe. *Ação inibitória, a ação preventiva prevista no art. 461 do CPC*. p. 41/42 e nota 20.

do devedor. A autonomia da vontade não pode servir de justificativa fisiológica do devedor para deixar de cumprir a obrigação específica quando, por sua conveniência e escolha, optar pelo ressarcimento, em detrimento do cumprimento.[39]

Portanto, o uso de medidas coercitivas para fazer valer o cumprimento da obrigação específica não pode representar uma violação ao princípio da liberdade, sobre o qual a autonomia da vontade se apoia para justificar a opção pela via ressarcitória. Na ponderação de princípios, o da liberdade, em contraponto ao do acesso à Justiça, o primeiro terá que ceder quando estiver em jogo a ameaça ao direito de ação, previsto no art. 5º, inciso XXXV, da Constituição Federal de 1988, no sentido de que "a lei não excluirá da apreciação do Poder Judiciário lesão ou ameaça a direito", cuja leitura, conforme acima já se observou, deve ser realizada como o dever do Estado-juiz de prestar ao jurisdicionado uma tutela adequada, útil e eficaz, como forma de manter a paz social.

Não se trata de ignorar a existência do princípio da liberdade de nosso ordenamento jurídico, nem tampouco o desmerecer. Trata-se tão somente de aplicar o método propagado por *Robert Alexy* para solucionar casos em que se vislumbre a colisão entre princípios. Segundo o jurista, no caso concreto, há que sopesá-los, e um deverá prevalecer sobre o que cederá, após a realização de um juízo de ponderação.[40]

Aliás, mesmo antes do advento dos dispositivos contidos no art. 461 do CPC, o Código de Proteção e Defesa do Consumidor (Lei n. 8.078/90) já havia sinalizado, em seu art. 84[41], essa tendência de fazer valer o cumprimento da tutela específica pretendida, sob pena de medidas coercitivas para dar efetividade à tutela inibitória.[42]

Portanto, os dispositivos contidos no art. 461 do CPC, inspirados na busca da efetividade da Justiça, visam priorizar o atendimento por parte do devedor da

---

(39) TALAMINI, 2003. p. 33/34.
(40) ALEXY, 2008. p. 93.
(41) Art. 84. Na ação que tenha por objeto o cumprimento da obrigação de fazer ou não fazer, o juiz concederá a tutela específica da obrigação ou determinará providências que assegurem o resultado prático equivalente ao do adimplemento.
§ 1º A conversão da obrigação em perdas e danos somente será admissível se por elas optar o autor ou se impossível a tutela específica ou a obtenção do resultado prático correspondente.
§ 2º A indenização por perdas e danos se fará sem prejuízo da multa (art. 287, do Código de Processo Civil).
§ 3º Sendo relevante o fundamento da demanda e havendo justificado receio de ineficácia do provimento final, é lícito ao juiz conceder a tutela liminarmente ou após justificação prévia, citado o réu.
§ 4º O juiz poderá, na hipótese do § 3º ou na sentença, impor multa diária ao réu, independentemente de pedido do autor, se for suficiente ou compatível com a obrigação, fixando prazo razoável para o cumprimento do preceito.
§ 5º Para a tutela específica ou para a obtenção do resultado prático equivalente, poderá o juiz determinar as medidas necessárias, tais como busca e apreensão, remoção de coisas e pessoas, desfazimento de obra, impedimento de atividade nociva, além de requisição de força policial.
(42) MARINONI, 2003. p. 114.

tutela específica da obrigação. Na impossibilidade de obtenção de tal resultado, busca-se resultado prático equivalente, consistindo este na obtenção do resultado final através da própria conduta do demandado. Finalmente, em não sendo possível o cumprimento da tutela jurisdicional de obrigação de fazer e não fazer ou entrega de coisa sob tais características, aí sim, excepcionalmente, buscar-se-á a tutela genérica consubstanciada na conversão em perdas e danos.[43]

A eficácia mandamental dos provimentos fundados no referido dispositivo legal é evidente: o resultado almejado é primordialmente o mesmo que se verificaria caso o demandado assumisse a conduta veiculada pela tutela. Para obtê-lo, vale-se da decisão judicial, seja ela antecipadora de tutela (§ 3º), seja a sentença final, de meios substitutivos da conduta do réu, com força suficiente para ordenar que ele obedeça à decisão judicial. Trata-se de verdadeira *ordem*, revestida de autoridade estatal, razão pela qual seu descumprimento configura crime de desobediência.[44]

Essas medidas de convencimento impostas ao demandado, as chamadas medidas de apoio, nada mais são que técnicas executivas que visam coagir o réu ao cumprimento da decisão judicial. Trata-se de uma ameaça de aplicação de sanção à parte, em caso de não observação da obrigação imposta pela determinação judicial, seja ela de caráter definitivo ou inibitório.

Conforme assevera *Joaquim Felipe Spadoni*, há sanções "sucessivas", quais sejam, aquelas aplicáveis após a violação do direito, também intituladas de medidas punitivas ou reparatórias, como também existem as sanções "preventivas", vale dizer, aquelas que são verificadas antes mesmo da violação do direito, também chamadas de medidas de controle, encorajamento e intimidação.[45]

No que diz respeito à tutela específica das obrigações de fazer, de não fazer, assim como a de entrega de coisa, quando se tratar de obrigação infungível, torna-se impossível promover a execução através da sub-rogação, como ocorre na execução forçada, na medida em que o resultado prescrito na determinação judicial depende exclusivamente do demandado. Para tais situações, a decisão judicial veicula verdadeira ordem, que não revela natureza condenatória (capaz de ser executada pela sub-rogação), mas essência mandamental. O elemento predominante é o mandado do juiz, eis que a efetivação do Direito não pode ser atingida por meio dos atos de sub-rogação, presentes na execução forçada, mas dependem do concurso da vontade do demandado.[46]

Nessas situações, portanto, em que a satisfação do direito não se verifica sem a colaboração do devedor, não sendo possível substituí-la, a técnica processual adequada para garantir o resultado previsto no direito material são as chamadas

---

(43) WAMBIER, 2010. p. 385.
(44) WAMBIER, 2010. p. 386/387.
(45) SPADONI, 2007. p. 171.
(46) LAURINO, 2010. p. 74.

medidas coercitivas, cujo objetivo é influir sobre a vontade do devedor no que diz respeito ao cumprimento da obrigação.[47]

Mesmo para os casos de deveres fungíveis, ainda que seja adequável o provimento condenatório, a chamada execução forçada, a adoção da via mandamental é medida que se impõe, eis que seus resultados práticos em busca da efetividade da Justiça são largamente satisfatórios, especialmente se comparáveis à execução forçada, justificando a adoção do sistema verificado no art. 461 do CPC, indistintamente entre as obrigações de fazer, não fazer e de entregar coisa, não importando se revestidas de fungibilidade ou não.

As medidas coercitivas são configuradas pela multa (§ 4º, art. 461), assim como as medidas de apoio previstas em rol meramente exemplificativo no § 5º do art. 461 do CPC, quais sejam, a busca e apreensão, a remoção de pessoas e coisas, o desfazimento de obras, o impedimento de atividade nociva etc.

A seguir, será abordada a medida coercitiva mais frequentemente utilizada pelo Estado-juiz, a multa por descumprimento de obrigação de fazer e não fazer, e de entrega de coisa, as chamadas astreintes.

---

(47) LAURINO, 2010. p. 81.

2. Astreintes

2.1. Natureza jurídica e características

O alcance da efetividade das decisões judiciais que veiculam obrigação de fazer e não fazer e de entregar coisa dá-se através de mecanismos de coerção ao cumprimento, seja nos casos de obrigações infungíveis, hipótese em que a execução por sub-rogação é impossível, assim como nas situações envolvendo obrigações fungíveis, situações em que, mesmo possível, a preterição da execução por sub-rogação revela-se pela prevalência da eficácia da força mandamental.

Conforme explica *Joaquim Felipe Spadoni*:

> *"a coerção ao cumprimento consiste em uma ameaça de aplicação de sanção à parte em caso de violação da obrigação que lhe foi imposta, em uma ameaça de lesão ao seu interesse maior do que a vantagem obtida com o inadimplemento da obrigação."* [48].

Das diversas medidas coercitivas já mencionadas, vislumbra-se especial interesse a multa diária prevista no § 4º do art. 461 do CPC, criação legislativa inspirada no modelo francês das astreintes e, portanto, também assim denominada.

Conforme ensina *Fernando Sá*, as astreintes surgiram no direito francês, notadamente através do Pretório daquele país, adquirindo foros de cidadania por intermédio da Lei n. 72.626, de 5.7.1972, muito embora já fosse aplicado no direito daquela localidade por quase cem anos antes da promulgação da referida lei.[49]

No Direito brasileiro, as astreintes foram introduzidas através da entrada em vigor do Código de Processo Civil de 1973, por meio do art. 644, além de inspirar o procedimento previsto no § 4º, do art. 84 do Código de Proteção e Defesa do

---

(48) SPADONI, 2007. p. 170.
(49) Revista de Processo 2011, *REPRO* 192, Ano 36, Editora dos Tribunais, p. 170.

Consumidor, mas adquiriu novos contornos por intermédio das reformas processuais introduzidas pelas Leis ns. 8.952/94 e 10.444/2002, com as inovações trazidas pelos arts. 461 e 461-A, ambos do CPC.

A multa de que trata o § 4º do art. 461 do CPC tem natureza coercitiva, processual, objetivando forçar o cumprimento de uma determinada obrigação. Trata-se de um meio de constranger o réu no sentido de obedecer à ordem judicial.

Dada a natureza coercitiva, a multa em apreço destina-se prioritariamente ao cumprimento da obrigação, sem visualizar a questão reparatória. Seu objetivo fulcral é dar efetividade à ordem emanada pelo Estado-juiz.

Eis por que *Joaquim Felipe Spadoni* afirma que o interesse diretamente tutelado pelas astreintes é o do Estado, configurado no interesse público na efetividade das decisões jurisdicionais e no respeito à autoridade jurisdicional.[50]

Observa-se da natureza jurídica da astreinte que seu objetivo não reside na esfera do Direito material, nos interesses que envolvem a relação entre particulares, mas fundamentalmente é ferramenta que visa estimular o cumprimento da ordem judicial, visando buscar a efetividade do processo.

Por essa razão, astreinte não tem natureza ressarcitória. O objetivo não é reparar o dano, mas forçar o réu a adimplir. A multa em apreço não tem qualquer relação com o dano, mesmo porque sua atribuição pode até mesmo ser definida pelo Estado-juiz em caráter inibitório, ou seja, antes mesmo de existir dano a ser ressarcido.[51]

Por justamente não ter caráter reparatório é que a multa diária prevista no art. 461 do CPC será devida independentemente das perdas e danos (461, § 2º), sendo, portanto, a elas cumulável. Daí por que se concluir que astreinte não se confunde com cláusula penal e, portanto, uma não anula a outra.

R. Limongi França define cláusula penal como:

> "*um pacto acessório, ao contrato ou a outro ato jurídico, efetuado na mesma declaração de vontade, ou em declaração à parte, por meio do qual se estipula uma pena, em dinheiro ou outra utilidade, a ser cumprida pelo devedor, ou por terceiro, cuja finalidade precípua é garantir, alternativa ou cumulativamente, conforme o caso, em benefício do credor ou de outrem, o fiel exato cumprimento da obrigação principal, bem assim, ordinariamente, constituir-se pré-avaliação das perdas e danos e punição do devedor inadimplente.*".[52]

Diferentemente dos contornos afeitos à cláusula penal, as astreintes não se permeiam pela relação jurídica privada cujo inadimplemento provocou a busca pela

---

(50) SPADONI, 2007. p. 170.
(51) MARINONI, 2003. p. 213.
(52) FRANÇA, R. Limongi. *Teoria e prática da cláusula penal.* São Paulo: Saraiva, 1988. p. 323.

tutela jurisdicional, não têm objetivo reparatório e não se limitam nem se vinculam à obrigação principal. Dado o seu caráter coercitivo e não reparatório, não se submete ao limite imposto pelo art. 412 do Código Civil, razão pela qual pode atingir valor superior ao da obrigação principal.[53]

Portanto, o foco principal da natureza jurídica das astreintes é coagir o cumprimento de uma obrigação de fazer ou não fazer, não se relacionando com o objetivo ressarcitório de outros tipos de encargos decorrentes da mora.

Como constitui instrumento para estimular ou forçar o demandado a cumprir a ordem judicial que lhe foi imposta, pode o juiz reduzi-la ou aumentá-la a qualquer momento, caso verifique que se tornou insuficiente ou excessiva (461, § 6º).

Conforme ensina *Luiz Felipe Bruno Lobo*[54]:

> *"trata-se de pena pecuniária por dia de atraso para compelir o sucumbente a cumprir a obrigação personalíssima assumida. Esta pena (astreinte) difere da cláusula penal previstas nos arts. 916 e seguintes do Código Civil. Aquela tem o 'céu como limite', incide por dia de atraso, diz respeito única e exclusivamente às obrigações* intuitu personae *e somente pelo Estado-Juiz pode ser fixada ou modificada. Esta é penalidade estipulada pelos contratantes, pode estender-se desde a inexecução completa de qualquer obrigação contraída (inclusive de dar) a alguma cláusula especial ou até simplesmente a mora. É passível de converter-se em alternativa a benefício do credor e seu valor não pode exceder ao da obrigação principal."*

Nas lições de *Guillermo Cabanellas*[55]:

> *"En la definición de Planiol y Ripert es tanto como la condena pecuniaria, impuesta a titulo conminatorio, y por medio de un constreñimiento provisional, a razón de tanto por dia de retraso (o por cualquiera otra unidad de tempo apropiada a las circunstancias), y destinada a obtener del deudor la efectividad de una obligación de hacer y, en ciertos casos, de una obligación de dar, con la amenaza de una pena considerable, susceptible de aumentar indefinidamente. No constituye tanto una indemnización de perjuicios, que no crece con esa celeridad o con tal paralelismo, sino un medio para ejercer coacción sobre el ánimo de lo obrigado. Se considera una verdadera pena, 'procesal' podría decirse, por no dar cumplimiento imediato al requerimiento."*

---

(53) LAURINO, 2010. p. 110/111.
(54) LOBO, Luiz Felipe Bruno. *A antecipação dos efeitos da tutela de conhecimento no direito processual civil e do trabalho.* 1. ed. São Paulo: LTr, 2000, p. 123/124.
(55) CABANELLAS, Guillermo. *Diccionario enciclopedico de derecho usual — Tomo I A–B.* 12. ed. 1979. Buenos Aires: Heliasta S.R.L., p. 397.

Ainda que o art. 461 do CPC faça menção à possibilidade de aplicação de multa *diária*, fato é que referida multa pode ter periodicidade distinta. É possível, por exemplo, que a multa seja definida por unidade de tempo inferior a um dia. Pode também ser um valor preestabelecido para o caso de inadimplemento.

Além disso, justamente por seu caráter processual, visando o cumprimento da decisão judicial, é que se permite que o juiz altere o valor (para mais ou para menos) ou a periodicidade da astreinte, desde que tal prática constitua uma maneira de atingir ao fim pretendido, qual seja, a obtenção adequada e proporcional da tutela específica ou do resultado prático equivalente.

Conforme ensina *Cássio Scarpinella Bueno*, a multa deve agir no ânimo do demandado e obrigá-lo a fazer ou deixar de fazer aquilo que assumiu. Daí por que a atribuição de astreintes deve ser suficientemente adequada e proporcional para atingir ao fim a que se destina, assim como não pode ser insuficiente a ponto de não provocar no obrigado o receio pelo descumprimento. Por outro lado, não é objetivo das astreintes expor o executado a situação vexatória nem tampouco provocar-lhe a insolvência.[56] Nesse sentido, a capacidade econômica do executado deve ser levada em consideração pelo juiz no momento de atribuir o valor e periodicidade das astreintes.[57]

Por esse motivo, tem o juiz a flexibilidade de ajustar a definição do valor e da periodicidade das astreintes, buscando a adequação e a proporção do resultado prático pretendido com a tutela específica, vale dizer, a efetividade da tutela jurisdicional.

Quanto ao beneficiário da multa, em que pese seu fim de assegurar a efetividade da tutela jurisdicional, o Direito brasileiro tem adotado o entendimento de que o resultado financeiro das astreintes deve ser revertido totalmente em favor do credor. Conforme assevera *Luiz Guilherme Marinoni*, esta conclusão decorre do disposto no art. 461, § 2º do CPC, no sentido de que a indenização dar-se-á sem prejuízo da multa, o que sinaliza ser o credor o destinatário final tanto da indenização quanto da eventual multa decorrente do inadimplemento da obrigação.

Referido jurista ainda aponta ser contrário a tal entendimento em decorrência da própria natureza jurídica das astreintes. Estas seriam verdadeiro instrumento do Estado para tutelar efetivamente os direitos, sem as quais a sentença mandamental constituiria mera recomendação, não podendo ter referida multa o condão de dar ao autor um *plus indenizatório*. Assevera ainda que tanto no direito francês quanto no direito alemão, o valor arrecadado a título de astreintes é revertido para o Estado, enquanto o direito português encontrou solução híbrida, destinando parte do valor ao credor e parte ao Estado.[58]

---

(56) BUENO, Cássio Scarpinella. *Direito processual civil — tutela jurisdicional executiva — volume 3*. São Paulo: Saraiva, 2012. p. 475/476.
(57) MARINONI, 2003. p. 216/217.
(58) MARINONI, 2003. p. 218/220.

Quanto ao cabimento da multa diária contra a Fazenda Pública, *Araken de Assis* reconhece o entendimento pacificado do Superior Tribunal de Justiça no sentido da adequação na cominação de multa diária por obrigação de fazer em desfavor da Fazenda Pública, muito embora seja defensor de:

> *"em lugar da astreinte, ocorrendo resistência da Fazenda Pública ao cumprimento e ordem judicial, melhor se conduz o órgão judiciário identificando o agente publico competente para praticar o ato, advertindo-o de que seu comportamento constitui ato atentatório à dignidade da Justiça (art. 599, II) e, baldados os esforços para persuadi-lo, aplicar a multa de que cuida o art. 14, V e parágrafo único, do CPC. A concreta vantagem do procedimento consiste no fato de que, ao contrário da astreinte, a referida multa atingirá o autor da resistência, e não a sociedade."*[59]

Quanto às obrigações sujeitas à cominação das astreintes, além das obrigações de fazer, de não fazer e de entregar coisa, todas elas especificamente tratadas nos artigos 461 e 461-A, do CPC, também se admite a adoção deste meio coercitivo de cumprimento de tutela jurisdicional no que diz respeito a determinadas obrigações de pagar.

Araken de Assis esclarece que no direito francês aplica-se referido mecanismo de pressão psicológica para constranger o réu a respeitar uma decisão da Justiça que lhe imponha certas obrigações de caráter pessoal. Similar situação pode ser verificada no direito brasileiro, no caso da astreinte que impõe ao executado que cumpra obrigação de pagar, expedida a ordem do juiz com base em deveres acessórios, como ocorre com a execução das contas vinculadas ao Fundo de Garantia por Tempo de Serviço.[60]

O tema é controverso, havendo juristas que rechaçam o cabimento das astreintes para compelir o executado a cumprir obrigação de pagar soma em dinheiro, consubstanciado no fato de que seria medida ineficaz, na medida em que o devedor que não paga não se sentiria intimidado ou coagido a pagar só porque a obrigação, com a cominação da multa, impor-lhe-ia valor superior.

Teresa Arruda Alvim Wambier e *José Manoel Arruda Alvim Neto*[61] enfrentam o tema ao reconhecerem a controvérsia existente em torno de se saber se a multa pode ser fixada para levar ao cumprimento de obrigação de pagar soma em dinheiro. Para referidos juristas, é plenamente aceitável a cominação de multa vinculada a descumprimento de obrigação de pagar, desde que a dívida seja dependente de uma obrigação de fazer. É o caso, por exemplo, de sustento de alguém pela via do pagamento de pensão. Também admitem tal prática nos casos em que há controvérsia relativa à natureza da obrigação, como ocorre no tocante à obrigação de reajustar valores depositados nas contas vinculadas ao Fundo de Garantia por Tempo de Serviço em

---

(59) ASSIS, 2010. p. 664.
(60) *Ibid.*, p. 663.
(61) Revista de Processo 2006, *REPRO* 142, Ano 31, Editora dos Tribunais, p. 13.

decorrência dos expurgos inflacionários. Referida obrigação, se encarada como mera obrigação de pagar, não comportaria incidência de astreinte, mas se interpretada como obrigação de fazer, vale dizer, de escriturar os valores acrescidos do reajuste, poder-se-ia admitir a vinculação de multa em caso de inadimplemento.

Finalmente, por ser medida que busca assegurar a efetividade do processo, a imposição das astreintes independe de pedido explícito do credor, podendo ser atribuída de ofício pelo juiz, conforme determinação expressa do § 4º do art. 461 do CPC.

Portanto, as astreintes constituem medida coercitiva visando ao adimplemento da ordem judicial, através da coação psicológica sobre o devedor, para que observe o direito do credor. Não tem caráter compensatório, indenizatório ou sancionatório, mas cunho intimidatório, para obter do próprio réu o específico comportamento pretendido pelo autor e determinado pelo magistrado. É medida coercitiva de cumprimento da ordem judicial.[62]

---

(62) BUENO, 2012. p. 475.

3 Execução provisória

3.1. Execução provisória genericamente considerada

A execução será definitiva, conforme ensinamento de *Pedro Paulo Teixeira Manus*, quando se vislumbrar no tocante à sentença na qual:

> "... se verifique seu trânsito em julgado, isto é, seja dotada do atributo da coisa julgada (material e formal), pela inexistência de recurso interposto contra a sentença, ou que, mesmo tendo havido recurso, este não tenha sido recebido no efeito suspensivo."[63]

Há casos, no entanto, de decisões judiciais que, muito embora não tenham ainda transitado em julgado, seja por pendência de julgamento de recurso, mas sem o efeito suspensivo, ou mesmo no caso de decisões judiciais veiculadas através da antecipação de tutela (art. 273, CPC), sua eficácia estará intacta, razão pela qual poderão ser executadas, não de forma definitiva, dada a natureza precária da tutela jurisdicional, mas sob o viés provisório, guardados os trâmites atinentes a tal natureza. A tal modalidade de execução, dá-se o nome de execução provisória.

Os recursos, de maneira geral, somente podem ter dois efeitos: o devolutivo e o suspensivo. Segundo *Pedro Paulo Teixeira Manus*, enquanto o efeito suspensivo implica a impossibilidade de que a sentença recorrida produza qualquer efeito:

> "o efeito devolutivo é o atributo do recurso que consiste na possibilidade de que a instância superior examine novamente a controvérsia, avaliando a decisão recorrida, quanto a sua necessidade de reforma ou não. Sendo o efeito do recurso apenas o devolutivo, nada impede que, enquanto o tribunal exerça seu papel de instância revisora, a parte interessada promova concomitantemente a execução da sentença."[64]

---

(63) MANUS, Pedro Paulo Teixeira. *Execução de sentença no processo do trabalho*. 3. ed. São Paulo: Atlas, 2008. p. 52.
(64) *Ibid.*, p. 52.

Conforme esclarece *Araken de Assis:*

"Chama-se de provisória, a teor do art. 475-I, § 1º, in fine, a execução fundamentada em provimento impugnado mediante recurso, e, conforme o art. 587, segunda parte, também se chama de provisória a execução baseada em título extrajudicial atacada por embargos aos quais o juiz atribuiu, no todo ou em parte, efeito suspensivo, nada obstante o julgamento de improcedência e a interposição de apelação pelo executado."[65]

Há que se destacar que o próprio *Araken de Assis* alerta para a impropriedade existente na redação do art. 475-I, § 1º, do CPC, na medida em que omite as decisões interlocutórias, que comportam execução, inclusive a provisória, em que pese a possibilidade de alteração do provimento liminar.

A execução provisória, nos moldes previstos no art. 475-O, *caput*, do CPC, far-se-á do mesmo modo que a definitiva, no que couber. Portanto, o caráter provisional da execução reside na sua possibilidade de reforma, mas não na eficácia do título ou aos meios executivos.[66]

Destaque-se que o dispositivo contido no art. 475-O, III, do CPC possibilita, inclusive, a penhora em dinheiro em execução provisória, disciplinando o levantamento da importância mediante caução.[67] Trata-se de verdadeira responsabilidade objetiva do credor, que se obriga, se a sentença for reformada, a reparar os danos que o executado haja sofrido (art. 475-O, I, CPC).

O art. 475-O, III, § 2º, do CPC prevê a dispensa da necessidade de apresentação de caução nos casos de crédito de natureza alimentar ou decorrente de ato ilícito, até o limite de sessenta vezes o valor do salário mínimo, o exequente demonstrar situação de necessidade. A caução também é dispensável em casos de execução provisória em que penda agravo de instrumento perante o STF ou STJ, salvo se a dispensa resultar risco de grave dano, de difícil ou incerta reparação.

Portanto, observa-se claramente que o instituto da execução provisória propicia a realização da execução de decisões judiciais (interlocutórias ou definitivas), potencialmente alteráveis, seja pela proveniência de sentença que revogue a tutela concedida antecipadamente (art. 273, do CPC), seja pela revogação através de recurso contra tal decisão que tenha veiculado somente o efeito devolutivo.

Finalmente, há que se destacar que a execução provisória também foi repisada pela reforma processual advinda da Lei n. 11.232/2005, ganhando contornos de maior abrangência e eficácia, notadamente no que diz respeito à possibilidade

---

(65) ASSIS, 2010. p. 364.
(66) *Ibid.*, p. 372.
(67) MANUS, Pedro Paulo Teixeira; ROMAR, Carla Teresa Martins. *CLT e legislação complementar em vigor.* 8. ed. São Paulo: Atlas, 2010.

de não limitar-se a execução até a realização da penhora, conforme o rito processual impunha antes da referida reforma legislativa, mas permitir o prosseguimento da execução até o levantamento do valor em garantia ou a alienação do bem garantidor da execução, ainda que sob a responsabilidade objetiva do credor. Seguramente, essa importante reforma veio ao encontro dos anseios de busca de efetividade do processo, inspirados no princípio do acesso à Justiça, conforme anteriormente já abordado.

3.2. Execução provisória no Processo do Trabalho

O Processo do Trabalho, sabe-se, ampara-se subsidiariamente do Direito Processual Civil, exceto naquilo que em que for incompatível com as normas deste Título (art. 769, da CLT). Já no que diz respeito ao processo de execução, em caso de lacuna da lei, a fonte subsidiária será o regramento relativo aos preceitos que regem o processo dos executivos fiscais para a cobrança judicial da dívida ativa da Fazenda Pública Federal (art. 889, da CLT), ou seja, a Lei n. 6.830/1980, respeitadas, naturalmente, eventuais incompatibilidades inerentes aos princípios e normas gerais de direito do trabalho.

O princípio da indeclinabilidade da jurisdição preceituado pelo art. 126 do Código de Processo Civil impõe ao magistrado a obrigatoriedade de decidir uma lide, ainda que a lei seja obscura, inadequada, exacerbada ou até mesmo ausente, para a hipótese fática apresentada no caso concreto.

Diante dessa imperativa obrigação funcional, o legislador estabeleceu ao julgador as ferramentas através das quais poderá solucionar os conflitos em casos em que haja lacuna da lei ou, mesmo que existente, seja inadequada ou dúbia.

Portanto, para os casos em que há lei, mas inadequada, obscura ou exacerbada para o caso concreto, o magistrado se ampara na hermenêutica, através dos métodos de interpretação, os quais podem ser (1) o gramatical ou filológico; (2) o lógico; (3) o teleológico; (4) o sistemático ou sistêmico; (5) o histórico; (6) o sociológico.

Já quando o problema do julgador reside na lacuna de lei, vale dizer, quando não há norma jurídica que apresente uma hipótese de incidência que se adeque ao caso em concreto, utiliza-se o magistrado dos chamados métodos de integração, os quais, no direito do trabalho, encontram-se enumerados (e em ordem preferencial) no *caput* do art. 8º, da CLT, a saber: (1) jurisprudência; (2) analogia; (3) equidade; (4) princípios e normas gerais de direito, principalmente do direito do trabalho; (5) usos e costumes: (6) direito comparado.

Tais regras de integração deverão ser utilizadas pelo magistrado, desde que observe a máxima de que nenhum interesse de classe ou particular prevaleça sobre o interesse público.

No que diz respeito ao processo de execução do trabalho, portanto, há que se identificar, em primeiro lugar, se há regramento que o defina para que então, eventualmente constatada a omissão/lacuna ensejadora da aplicação subsidiária de outros ordenamentos similares, se processe a integração.

A execução provisória no processo do trabalho é prevista no art. 899, da CLT, o qual estabelece que os recursos trabalhistas tenham, como regra, o efeito apenas devolutivo, permitindo-se, portanto, a execução provisória até a penhora.

Note-se que a legislação trabalhista em matéria executiva é expressa ao estabelecer que (1) a execução provisória é cabível no processo do trabalho e (2) seguirá até a penhora. Dessa forma, não há que se falar em aplicação subsidiária do art. 475-O, do CPC, que autoriza a liberação de levantamento em dinheiro, mediante caução ou até mesmo sem tal garantia, quando o exequente demonstrar situação de necessidade (§ 2º, II). A integração de tal norma ao processo do trabalho, seja porque não existe omissão da CLT no que diz respeito a execução provisória, assim como a fonte subsidiária, no caso, não seria a legislação processual comum (CPC), mas a Lei de Executivos Fiscais (Lei n. 6.830/80).

Importante ressaltar que o direito do trabalho alemão, já na metade do século XX, vislumbrava-se vanguardista ao permitir não somente a execução provisória em processos trabalhistas, mas também não exigir a prestação de caução, conforme disposição na legislação trabalhista então vigente (*Arbeitsgerichtsgesetz*). Nas palavras de *Leo Rosenberg*, traduzidas em espanhol por *Angela Romera Vera*, "*Las sentencias de los tribunales del trabajo son siempre provisionalmente ejecutables sin mandato del tribunal y sin prestación de caución (ArbGG, §§ 62, I, 1; 64, III).*"[68]

No entanto, a SBDI-1 pacificou a jurisprudência da mais alta Corte Trabalhista no sentido de que é inaplicável o art. 475-O do CPC ao processo do trabalho, porquanto não há omissão na CLT, que possui regramento próprio (art. 899), o qual, além de limitar a execução provisória até a penhora, prevê o levantamento do depósito recursal mediante simples despacho do juiz, após o trânsito em julgado da decisão.

Eis os precedentes:

"— EMBARGOS — art. 475-O DO CPC — LEVANTAMENTO DO DEPÓSITO RECURSAL — INAPLICABILIDADE AO PROCESSO DO TRABALHO O procedimento tratado pelo art. 475-O do CPC possui disciplina própria na lei processual trabalhista — art. 899 da CLT —, que limita a execução provisória à penhora. Assim, não há falar, na espécie, em aplicação supletiva da norma processual comum. Precedentes das 2ª, 3ª, 4ª, 5ª, 7ª e 8ª Turmas do TST. Embargos conhecidos e providos. — (E-ED--RR — 34500-47.2007.5.03.0064. Data de julgamento: 17.02.2011, Relatora Ministra: Maria Cristina Irigoyen Peduzzi, Subseção I Especializada em Dissídios Individuais, data de publicação: DEJT 01.07.2011.);"

---

(68) ROSENBERG, 1955. p. 26/27.

"— RECURSO DE REVISTA. 1. EXECUÇÃO PROVISÓRIA. LEVANTAMENTO DO DEPÓSITO RECURSAL. APLICABILIDADE DO ART. 475-O, § 2º, I, DO CPC AO PROCESSO DO TRABALHO. O art. 475 -O, § 2º, I, do CPC é inaplicável ao processo do trabalho, na medida em que não há omissão no texto celetista, possuindo este regramento próprio — art. 899 —, que, além de limitar a execução provisória até a penhora, prevê o levantamento do depósito recursal mediante simples despacho do juiz, após o trânsito em julgado da decisão. Precedentes. Recurso de revista conhecido e provido. — (RR — 69000-73.2009.5.03.0031. Data de julgamento: 28/06/2011, Relatora Ministra: Dora Maria da Costa, 8ª Turma, data de publicação: DEJT 01.07.2011);"

"LEVANTAMENTO DE VALORES DEPOSITADOS ATÉ O LIMITE DE 60 SALÁRIOS MÍNIMOS — INAPLICABILIDADE DO ART. 475-O DO CPC AO PROCESSO DO TRABALHO — VIOLAÇÃO DO ART. 5º, LIV, DA CF. 1. Consoante dispõe o art. 769 da CLT, o direito processual comum será fonte subsidiária do direito processual do trabalho apenas nos casos de omissão e quando houver compatibilidade da regra comum com o sistema do Processo do Trabalho. 2. A CLT dispõe expressamente sobre execução provisória nos arts. 897 e 899, não existindo razão para a aplicação subsidiária do art. 475-O do CPC ao Processo do Trabalho. 3. Assim sendo, a decisão proferida pela Corte de origem que autorizou ao Reclamante, de ofício, o levantamento do depósito existente nos autos, até a quantia de 60 salários mínimos, entendendo ser aplicável ao processo trabalhista as regras do art. 475-O do CPC, merece reforma, por violar o art. 5º, LIV, da CF. — (RR — 1184-23.2010.5.03.0069. Data de julgamento: 09.08.2011, Relator Ministro: Ives Gandra Martins Filho, 7ª Turma, data de publicação: DEJT 12.08.2011.);"

"ART. 475-O DO CPC. LEVANTAMENTO DO DEPÓSITO RECURSAL. INAPLICABILIDADE AO PROCESSO DO TRABALHO. A CLT, no seu art. 899, § 1º, regula de forma expressa o limite da execução provisória e fixa o momento em que poderá haver o levantamento do depósito recursal. Dessa forma, não há espaço para a aplicação subsidiária do art. 475-O do CPC, uma vez que não existe a omissão prevista no art. 769 da CLT. Precedentes desta Corte. Recurso de Revista de que se conhece em parte e a que se dá provimento. — (RR — 63800-35.2008.5.03.0059. Data de julgamento: 03.08.2011, Relator Ministro: João Batista Brito Pereira, 5ª Turma, data de publicação: DEJT 12.08.2011)."

A comentar o art. 475-0, do CPC, *Pedro Paulo Teixeira Manus* adverte que:

> "... *o legislador ao permitir o levantamento de depósito em dinheiro em execução provisória, está a permitir que seja feita penhora de numerário, o que é incompatível com a noção de que a execução provisória segue até o último ato que não importe em retirar o bem do patrimônio do devedor, o que se configura com a penhora em dinheiro.*"[69]

---

(69) MANUS, 2010. p. 55.

Esta maior eficácia da execução provisória prevista no CPC, em comparação ao rito do processo do trabalho, na visão do citado jurista, provoca reflexão quanto ao posicionamento hoje pacífico do Tribunal Superior do Trabalho, no sentido de admitir penhora em dinheiro em execução definitiva, mas não em execução provisória, nos termos do quanto evidenciado na Súmula 417, do TST:

> "**Súmula n. 417 — TST —** Res. 137/05 — DJ 22, 23 e 24.08.2005 — **Conversão** das Orientações Jurisprudenciais n.s 60, 61 e 62 da SDI-II
>
> **Mandado de Segurança — Penhora em Dinheiro — Justiça do Trabalho**
>
> **I** — Não fere direito líquido e certo do impetrante o ato judicial que determina penhora em dinheiro do executado, em execução definitiva, para garantir crédito exequendo, uma vez que obedece à gradação prevista no art. 655 do CPC. (ex-OJ n. 60 — inserida em 20.09.00)
>
> **II** — Havendo discordância do credor, em execução definitiva, não tem o executado direito líquido e certo a que os valores penhorados em dinheiro fiquem depositados no próprio banco, ainda que atenda aos requisitos do art. 666, I, do CPC. (ex-OJ n. 61 — inserida em 20.09.00)
>
> **III** — Em se tratando de execução provisória, fere direito líquido e certo do impetrante a determinação de penhora em dinheiro, quando nomeados outros bens à penhora, pois o executado tem direito a que a execução se processe da forma que lhe seja menos gravosa, nos termos do art. 620 do CPC. (ex-OJ n. 62 — inserida em 20.09.00)".

Aliás, argumentos análogos também justificam a adoção por parte do Tribunal Superior do Trabalho do entendimento pela não aplicabilidade da multa prevista no art. 475-J, do CPC, de forma subsidiária ao processo do trabalho. Além da ausência de omissão da CLT no tocante aos procedimentos de pagamento em fase de execução, a fonte subsidiária não seria o Código de Processo Civil, mas a Lei dos Executivos Fiscais.[70]

A execução provisória no processo do trabalho também atinge as obrigações de fazer e não fazer. Justamente pelos recursos trabalhistas, notadamente o recurso ordinário e o recurso de revista, não terem efeito suspensivo, seja qual for a condenação determinada pela sentença, de pagar, de entregar, de fazer, de não fazer, a execução prosseguirá sob a forma provisória, na esteira da determinação do art. 899 da CLT, aplicando-se subsidiariamente todas as determinações previstas no art. 461 do CPC,

---

(70) Pedro Paulo Teixeira Manus defende a aplicabilidade do art. 475J do CPC ao processo do trabalho, mas tão somente quando se vislumbrar a omissão da legislação trabalhista nos casos em que o executado quedar-se inerte quando instado a garantir a execução. Ob. cit., p. 76.

comportando todas as possibilidades de tutelas liminares, antecipações e execuções provisórias.[71]

Não há dúvida, portanto, de que é cabível no processo do trabalho promover-se a execução provisória das obrigações de fazer, não fazer e de entregar coisa. A questão que será enfrentada a seguir aborda a execução provisória das astreintes decorrentes do descumprimento de obrigações de fazer, não fazer e entregar coisa. Abordar-se-á, inicialmente, o assunto como tratado na esfera processual civil para, posteriormente, enfrentá-lo no que afeta o processo do trabalho.

---

[71] LIMA, Francisco Gerson Marques de. *Fundamentos do Processo do Trabalho*. São Paulo: Malheiros, 2010. p. 179.

4. Execução provisória de astreintes

4.1. A Polêmica: É possível executar-se provisoriamente as astreintes?

Observa-se pela leitura do art. 461 do CPC que o Juiz, por requerimento ou de ofício, pode determinar a imposição de multa por tempo de atraso no cumprimento da obrigação de fazer ou não fazer, as chamadas ASTREINTES.

A questão que se coloca em debate neste momento diz respeito a aspectos relacionados à execução das astreintes por descumprimento de obrigação de fazer e não fazer ou de entregar coisa, a saber:

1) É possível realizar a EXECUÇÃO PROVISÓRIA das astreintes decorrentes de obrigação de fazer ou não fazer ou entregar coisa, seja por decorrência de tutela antecipada, seja por sentença ou acórdão, mas pendente de julgamento de recurso sem efeito suspensivo?

2) Se possível a execução provisória de astreintes, havendo inércia do devedor no pagamento da execução, como fica a exigência de tal título executivo judicial se a decisão provisória for revogada ou a sentença reformada?

3) Em havendo pagamento da execução provisória das astreintes por parte do devedor, pode o mesmo repetir o indébito se o título provisório for revogado ou a tutela reformada em sede recursal?

São questões que não têm respostas prontas e categóricas apresentadas pela doutrina e jurisprudência.

4.2. Primeira corrente: impossibilidade

Expressiva corrente doutrinária defende a tese consubstanciada na impossibilidade de se executar provisoriamente as astreintes, notadamente baseada no argumento de que, por ser uma decisão precária, passível de modificação, somente pode ser executada quando a decisão transitar em julgado, em que pese seja exigível a partir da data da concessão da decisão provisória.

Neste caso, os defensores desta tese amparam-se em uma analogia ao art. 12 da Lei das Ações Civis Públicas (Lei n. 7.347/85), que textualmente determina que a multa por descumprimento de obrigação de fazer ou não fazer somente será exigível após o trânsito em julgado:

> "Art. 12. Poderá o juiz conceder mandado liminar, com ou sem justificação prévia, em decisão sujeita a agravo.
>
> § 1º A requerimento de pessoa jurídica de direito público interessada, e para evitar grave lesão à ordem, à saúde, à segurança e à economia pública, poderá o Presidente do Tribunal a que competir o conhecimento do respectivo recurso suspender a execução da liminar, em decisão fundamentada, da qual caberá agravo para uma das turmas julgadoras, no prazo de 5 (cinco) dias a partir da publicação do ato.
>
> **§ 2º A multa cominada liminarmente só será exigível do réu após o trânsito em julgado da decisão favorável ao autor, mas será devida desde o dia em que se houver configurado o descumprimento.**" (grifo nosso).

Sobre o tema, explica *Candido Rangel Dinamarco*[72] que:

> *"a exigibilidade dessas multas, havendo elas sido cominadas em sentença mandamental ou em decisão antecipatória da tutela específica (art. 461, § 3º — supra, n. 1.630), ocorrerá sempre a partir do trânsito em julgado daquela — porque, antes, o próprio preceito pode ser reformado e, eliminada a condenação a fazer, não fazer ou entregar, cessa também a cominação (sobre exigibilidade — supra, n. 1.422). Não seria legítimo impor ao vencido o efetivo desembolso do valor das multas enquanto ele, havendo recorrido, ainda pode ser eximido de cumprir a própria obrigação principal e, consequentemente, também de pagar pelo atraso."*

Outro argumento frequentemente utilizado para a defesa da inexecução provisória das astreintes é o fato de o objeto da execução não se configurar, em regra, uma tutela que diga respeito à proteção da vida ou sobrevivência, mas meramente aspectos patrimoniais. Portanto, se em situações especialíssimas a astreinte não pode ser exigida antes do trânsito em julgado, tais como questões envolvendo o direito do idoso e da criança e adolescente, o que dirá quando o objeto da lide seja meramente patrimonial. Esse tratamento restritivo à exigibilidade das astreintes está verificado tanto no art. 203 da Lei n. 8.069/90 (Estatuto da Criança e Adolescente) como também no art. 83 da Lei n. 10.741/2003 (Estatuto do Idoso), abaixo reproduzidos:

> "art. 203 — Na ação que tenha por objeto o cumprimento de obrigação de fazer ou não fazer, o juiz concederá a tutela específica da obrigação ou determinará providencias que assegurem o resultado prático equivalente ao do adimplemento.

---

(72) DINAMARCO, Candido Rangel. *Instituições de direito processual civil IV*. 3. ed. São Paulo: Malheiros, 2009. p. 540/541.

(...)

§ 3º — A multa só será exigível do réu após o trânsito em julgado da sentença favorável ao autor, mas será devida desde o dia em que se houver configurado o descumprimento." (grifo nosso).

"art. 83 — Na ação que tenha por objeto o cumprimento de obrigação de fazer ou não fazer, o juiz concederá a tutela específica da obrigação ou determinará providências que assegurem o resultado prático equivalente ao adimplemento.

(...)

§ 3º — A multa só será exigível do réu após o trânsito em julgado da sentença favorável ao autor, mas será devida desde o dia em que se houver configurado." (grifo nosso).

Luiz Guilherme Marinoni[73] defende o entendimento pela impossibilidade de se realizar execução provisória das astreintes. Conforme assevera o jurista:

> *"A questão complica-se quando se pensa na possibilidade da cobrança da multa antes do trânsito em julgado, tomando-se em consideração a tutela antecipatória ou a execução provisória da sentença. Na verdade, o problema não é saber se a multa pode ser cobrada antes do trânsito em julgado, mas sim definir se ela é devida na hipótese em que o julgamento final não confirma a tutela antecipatória ou a sentença que já foi executada.".*

Na visão do citado jurista, levando-se em consideração que o nosso sistema jurídico reverte ao autor o produto da multa, não seria racional admitir que ele pudesse ser beneficiado quando a própria jurisdição chega à conclusão de que ele *"não possui o direito que afirmou estar presente ao executar (provisoriamente) a sentença ou a tutela antecipatória."*

Assevera o jurista paranaense que o papel coercitivo das astreintes não se revela na possibilidade de serem cobradas antes do trânsito em julgado, mas fundamentalmente na possibilidade de ser exigida, ainda que futuramente.

4.3. *Segunda corrente: possibilidade, mas com revogação do título exequendo em caso de reforma da decisão precária*

Em que pese a relevância dos juristas acima mencionados no cenário acadêmico, assim como a coerência dos argumentos apresentados, a tese que defende a impossibilidade de execução provisória das astreintes é minoritária.

Já, esta segunda corrente, qual seja, a que defende a possibilidade de se executar provisoriamente as astreintes, mas com revogação da execução no caso de reforma da

---

(73) MARINONI, 2003. p. 221/223.

decisão precária, é abarcada pela maioria da doutrina, entendendo serem as astreintes deferidas em decisões liminares em antecipação de tutela, ou mesmo em sentenças impugnadas por recurso com efeito meramente devolutivo, plenamente passíveis de execução provisória, sob o argumento de que a eficácia da decisão judicial não pode sofrer qualquer limite, sob pena de se perder a natureza coercitiva da astreinte.

Para os defensores desta corrente, o "fato gerador" da multa é o descumprimento da ordem judicial, não se condicionando a eficácia da decisão ao trânsito em julgado da decisão favorável ao autor. *Araken de Assis* defende a execução provisória de astreintes, até mesmo porque, segundo seu entendimento:

> *"fluindo a multa a partir do descumprimento de provimento antecipatório, mas logrando êxito o réu no julgamento do mérito, a resistência mostrava-se legítima e, então, a multa desaparecerá retroativamente. Não há causa para qualquer atribuição patrimonial ao vencido."*[74].

Ao justificar a possibilidade de execução provisória de astreintes, *Araken de Assis* já antecipa a resposta a outras indagações aqui problematizadas: executada a astreinte provisoriamente, perde referido título executivo eficácia se houver improcedência da ação, revogando antecipação de tutela que deferiu as astreintes? Referido jurista entende que sim, não fazendo sentido, segundo seu entendimento, persistir na execução de astreintes decorrentes de descumprimento de obrigação de fazer ou não fazer quando revogada a decisão cuja inércia do executado justificou a aplicação da multa.

Neste mesmo sentido, *Teori Albino Zavascki* adota entendimento análogo, ao atribuir efeito *ex tunc* à decisão que revoga medida antecipatória, retroagindo os efeitos da decisão concedida em antecipação de tutela.[75]

José Carlos Barbosa Moreira também defende a eficácia imediata da decisão que determina a incidência da multa, ao esclarecer que:

> *"A partir do dia em que comece a incidir a multa, faculta-se ao credor exigi-la, através do procedimento da execução por quantia certa. Se o devedor, citado, pagar no tríduo a que se refere o art. 652, caput (na redação da Lei n. 11.382), mas permanecer inadimplente no que tange à obrigação de fazer ou não fazer, a multa continuará incidindo. Poderá o exequente, a qualquer tempo, requerer a atualização do cálculo e promover nova execução pelo valor acrescido"*[76].

---

(74) ASSIS, 2010 p. 671.
(75) ZAVASCKI, Teori Albino. *Antecipação de tutela*. 7. ed. São Paulo: Saraiva, 2009. p. 104.
(76) MOREIRA, José Carlos Barbosa. *O novo Processo Civil Brasileiro: exposição sistemática do procedimento*. 26. ed. rev. e atual. Rio de Janeiro: Forense, 2008. p. 231.

Paulo Henrique dos Santos Lucon[77] também admite a possibilidade de execução provisória da multa prevista no art. 461, § 4º, do CPC, até mesmo porque, segundo articula, entendimento contrário tornaria inócua a eficácia de tutela antecipada em casos previstos no referido dispositivo processual. O mencionado jurista rebate a interpretação analógica do art. 12º, § 2º, da Lei n. 7.347/85, que determina que a multa cominada liminarmente nas ações civis públicas somente seriam exigíveis após o trânsito em julgado, entendendo-a como inadequada na medida em que *"onde não houver expressa vedação nem o ato for contrário ao direito, depreende-se o objetivo do legislador de permitir"*. E conclui, admitindo a execução provisória da tutela antecipada de obrigação de fazer e não fazer, argumentando que *"adiar a multa para o trânsito em julgado significa, em muitas situações, denegar justiça"*.

Cassio Scarpinella Bueno também defende a execução provisória da multa decorrente do descumprimento de obrigação de fazer e não fazer, seja ela veiculada por tutela antecipada, seja por sentença impugnável por recurso com efeito apenas devolutivo. Pensamento contrário, defende o jurista, tornaria inócua a fixação da multa. Por outro lado, os eventuais prejuízos experimentados pelo executado no caso da revogação da decisão precária, provocando a perda do objeto da execução provisória da multa seriam arcados pelo exequente, na esteira da determinação prevista no art. 475-O, I, do CPC, a qual estabelece que aquele que se beneficia dos efeitos práticos e concretos dos efeitos antecipados da tutela jurisdicional responde objetivamente pelos danos que eventualmente causar. Daí por que conclui o jurista que:

> *"Aplicando este entendimento à hipótese em destaque, o executado poderá repetir, do exequente, o valor da multa eventualmente já executada, sem prejuízo de pretender indenizar-se de modo amplo de outros danos materiais e morais, que tenha sofrido com a execução provisória."*[78]

Eduardo Talamini também admite a execução provisória da multa decorrente das obrigações de fazer e não fazer, previstas no art. 461 do CPC, mas defende que a execução torna-se sem efeito caso venha a se definir posteriormente que o autor não tinha o direito à tutela que teria originado o crédito da multa que provisoriamente teria incidido.[79] Importante destacar que *Eduardo Talamini* também rechaça a aplicação analógica do art. 12, § 2º, da Lei da Ação Civil Pública, que admite a execução da multa somente após o trânsito em julgado, primeiro porque se trata de regra especial e expressa em tal sentido, o que não viabiliza a extensão de sua aplicação à teoria da tutela dos deveres de fazer e não fazer. Em segundo lugar, e conforme assevera o jurista, *"e mais grave —, a inexequibilidade imediata da multa que*

---

(77) LUCON, Paulo Henrique dos Santos. *Eficácia das decisões e execução provisória.* São Paulo: RT, 2000. p. 367/369.

(78) BUENO, Cassio Scarpinella. *Direito Processual Civil, tutela jurisdicional executiva.* 3. ed. São Paulo: Saraiva, 2012. p. 479.

(79) TALAMINI, 2003. p. 258/260.

acom~~panhada a tutela~~ antecipada retira boa parte da eficiência concreta do meio coercitivo e, consequen~~teme~~nte, das próprias chances de sucesso da antecipação". De forma contundente, conclui *Talamini* que:

> "*a ameaça de pronta afetação do patrimônio do réu através da execução do crédito da multa é o mais forte fator de influencia psicológica. A perspectiva remota e distante de execução depois do trânsito em julgado nada ou muito pouco impressiona. Assim e não bastassem os argumentos anteriores, esse último aspecto afastaria a viabilidade da aplicação analógica da regra do art. 12, § 2º, da Lei n. 7.347/85.*".

Em obra conjunta, *Eduardo Talamini* e *Luiz Rodrigues Wambier* sintetizaram o entendimento a respeito da possibilidade de execução provisória das astreintes. Embora admitam que alguns autores sustentem a exigibilidade da multa somente após a preclusão da decisão que a autorize, defendem reputá-la exigível assim que eficaz a decisão que a impôs, mas seguindo-se as regras da execução provisória tratada no Código de Processo Civil, inclusive com a incidência da multa prevista no art. 475-J do referido diploma processual.[80]

Teresa Arruda Alvim Wambier e *José Manoel Arruda Alvim Netto*[81] enfrentaram a questão ao defenderem o que intitularam de "posição intermediária", qual seja, a multa ser devida desde o momento em que se pode considerar descumprida a ordem judicial, mas devendo ser a execução provisória, de tal sorte que a situação possa ser revertida caso o autor perca a ação. Ao argumentarem a defesa da referida tese, enfrentaram problemas com os quais se depara o Poder Judiciário que por vezes concede liminares, "*afrontando escancaradamente jurisprudência dominante dos Tribunais superiores, liminares estas que, fatalmente, serão cassadas por decisões definitivas, ou mesmo, antes disso, reformadas pela via recursal*". Diante desse problema prático real da comunidade jurídica pátria, os juristas prosseguem na indagação se ainda assim o jurisdicionado teria que se submeter a cumpri-las, sob pena de multa:

> "*Trocando em miúdos, a questão que se coloca é a seguinte: a parte, insubordinada, não cumpriu a decisão (ainda não definitiva) de um juiz que também, insubordinado, não decidiu em conformidade com a jurisprudência dominante, pacificada ou sumulada. Reformada a decisão, remanesce a obrigação de pagar a multa?*".

A pergunta de ordem provocativa leva à conclusão de que, uma vez revogada a decisão que impunha a multa por descumprimento de obrigação de fazer e não fazer, a multa deixará de ser devida, tornando-se ineficaz a execução provisória correlata.

Salvador Franco de Lima Laurino sustenta também que a multa se torna exigível desde o momento da desobediência à ordem judicial, sendo certo que, se a decisão for

---

(80) WAMBIER, 2010. p. 389.
(81) Revista de Processo 2006, *REPRO* 142, Ano 31, São Paulo: Revista dos Tribunais, p. 17.

desde logo eficaz, a multa poderá ser cobrada imediatamente, independentemente do trânsito em julgado. Por outro lado:

> "*o rigor da execução imediata quando a decisão ainda está sujeita a recurso sem efeito suspensivo é compensado com a aplicação do regime da execução provisória, conforme estabelece a regra contida no § 3º do art. 273 do Código de Processo Civil, cautela que se justifica porque a multa não se destina a satisfazer um interesse do credor, mas tão somente assegurar a autoridade da ordem judicial*". [82]

Finalmente, frise-se o entendimento de *Humberto Theodoro Junior* [83], que defende não se deva negar imediata executividade à multa imposta para cumprimento de tutela antecipada. Para o mencionado jurista

> "*pode haver execução da multa cominatória tanto em face da decisão de antecipação de tutela como da sentença definitiva. No primeiro caso, porém, a execução será provisória, sujeitando-se à sistemática e aos riscos previstos no art. 558, como determina o § 3º do art. 273. Vale dizer: no caso de a sentença, afinal, decretar a improcedência do pedido, a quantia da multa exigida em antecipação provisória de tutela deverá ser restituída ao executado*".

É dessa forma que se consubstancia o posicionamento majoritário da doutrina[84], qual seja, no sentido de admitir a execução provisória de astreintes decorrentes de descumprimento de obrigação de fazer ou não fazer ou de entregar coisa, conferindo-se, no entanto, à decisão que revoga a tutela provisória o efeito *ex tunc*, tornando-se sem efeito o eventual descumprimento de ordem judicial que tenha sido posteriormente reconsiderada pelo Poder Jurisdicional.

4.4. Terceira corrente: possibilidade, independentemente do resultado da eventual revogação do título precário

A terceira corrente, embora minoritária, defende a ideia de que a execução de astreintes é cabível quando atribuível em decisão precária, seja tutela antecipada, seja definitiva, mas impugnada por recurso com efeito meramente devolutivo, sendo certo que a eventual revogação da decisão provisória que impunha a astreinte tem eficácia constitutiva negativa e, portanto, não retroativa, diante do seu efeito *ex nunc*,

---

(82) LAURINO, 2010, p.111/112.

(83) THEODORO JUNIOR, Humberto. *Curso de direito processual civil — processo de execução e cumprimento de sentença, processo cautelar e tutela de urgência*. 41. ed. Rio de Janeiro: Forense, 2007. p. 38/39.

(84) Conforme entendimento dos juristas, por ordem de citação: Araken de Assis, Teori Albino Zavascki, José Carlos Barbosa Moreira, Paulo Henrique dos Santos Lucon, Cassio Scarpinella Bueno, Eduardo Talamini, Luiz Rodrigues Wambier, Teresa Arruda Alvim Wambier, José Manoel Arruda Alvim Netto, Salvador Franco de Lima Laurino e Humberto Theodoro Junior.

razão pela qual as astreintes decorrentes de descumprimento de obrigação de fazer ou não fazer e de entregar coisa seriam exigíveis mesmo após a revogação daquela decisão provisória que a estabeleceu.

Segundo *Joaquim Felipe Spadoni*[85], o objetivo da multa cominatória em apreço é resguardar a efetividade do processo e servir de instrumento de direito público, estimulando-se o réu a cumprir a ordem judicial fielmente. Por tal motivo é que assevera serem as astreintes exigíveis a partir do momento do comando judicial ao qual se relaciona, em regra, a partir da intimação da medida liminar ou da sentença de procedência não submetida ao efeito suspensivo da apelação.

A posição dissidente do jurista revela-se justamente na hipótese de a decisão que emitia uma ordem judicial vinculada a obrigação de fazer e não fazer ou entregar coisa ser revogada. Na corrente anteriormente estudada, referida revogação tinha efeito *ex tunc*, razão pela qual a execução provisória das astreintes tornar-se-ia nula.

No entanto, *Joaquim Felipe Spadoni*[86] defende que a exigibilidade da multa por descumprimento de obrigação de fazer e não fazer e entregar coisa deve ser eficaz mesmo após a eventual revogação da ordem judicial que a impôs em caso de descumprimento. O fato gerador das astreintes, em virtude de seu caráter processual, seria o descumprimento da ordem judicial que teria sido eficaz até o momento em que decisão ulterior a houvesse revogado. Nas palavras do próprio jurista, *"o que autoriza a incidência da multa é a violação da ordem do juiz, é a violação de uma obrigação processual, e não da obrigação de direito material que o réu pode possuir perante o autor"*. As decisões que revogam outras anteriores possuem natureza constitutiva negativa com relação à decisão revogada, possuindo eficácia *ex nunc*, razão pela qual referidas decisões, enquanto foram eficazes, deveriam ter sido cumpridas, sob pena da incidência das astreintes.

> *"Se o réu não atender à decisão eficaz do juiz, estará desrespeitando a sua autoridade, ficando submetido ao pagamento da multa pecuniária arbitrada, independentemente do resultado definitivo da demanda. Em sendo a decisão que impôs a multa cominatória posteriormente revogada, seja por sentença ou por acórdão, ou mesmo por outra decisão interlocutória, em nada restará influenciado aquele dever que havia sido anteriormente imposto ao réu."*

Segundo seu entendimento, somente poderia ser defensável a perda do objeto de eventual execução provisória de astreintes em decorrência de revogação de decisão que a justificasse se o fato gerador da multa fosse a violação da obrigação de direito material que o réu poderia ter com o autor.

---

(85) SPADONI, 2007. p. 190/192.
(86) *Ibid.*, p. 192.

> *"Nessa hipótese, a decisão definitiva que viesse a concluir pela improcedência do pedido realmente afetaria a exigibilidade da multa, dado que, com relação ao direito discutido no processo, a decisão tem natureza declaratória, possuindo, nesse ponto, eficácia ex tunc. Dessa forma, a retroatividade da decisão de improcedência atestaria que não havia obrigação de direito material a ser violada, afastando a incidência da multa."*

No entanto, não é o que acontece no caso das astreintes, cuja exigibilidade se apresenta em decorrência da violação de uma obrigação processual, totalmente independente da obrigação material veiculada na ordem judicial.

José Roberto dos Santos Bedaque[87] tem posicionamento semelhante, ao admitir que a multa tem eficácia a partir do momento em que o comando judicial passa a ser devido e pode ser exigida desde logo, em execução definitiva, mas admite a responsabilidade objetiva do que se beneficiou indevidamente com o recebimento da multa, caso sobrevenha sentença de improcedência, o que lhe aproxima da segunda corrente acima apresentada.

Já *Sérgio Cruz Arenhart*[88] compartilha da terceira corrente. Para ele, há uma "tentação", de parte da doutrina e da própria jurisprudência, de atribuir equivocadamente à multa uma condenação acessória, de tal modo que, não seria exequível uma ordem judicial que fosse incompatível ou desarmoniosa com a situação de direito material à qual aquela condenação acessória estaria vinculada. Como define o próprio jurista, ao se pensar assim, essa tese praticamente elimina todo o valor das decisões provisórias.

> *"é como se a doutrina sinalizasse à população brasileira que só constitui verdadeiro exercício de poder legítimo a decisão final da causa. Todo o resto é provisório e, por isso, independentemente de ter-se originado do Poder Judiciário, pode ser contestado e descumprido, sem nenhum pudor. Afinal, nesse caso, o desobediente simplesmente assume o risco de, se sua opinião sobre o litígio não prevalecer ao final do processo, ter de pagar um plus por isso."*

O tom crítico de *Sérgio Cruz Arenhart* ao posicionamento adotado pela maioria dos doutrinadores ainda prossegue:

> *"Autorizar a parte a descumprir a ordem judicial quando ela vislumbre a possibilidade de sagrar-se vencedora ao final é, ao que parece, retornar à discussão sobre a*

---

(87) BEDAQUE, José Roberto dos Santos. *Tutela Cautelar e tutela antecipada*: tutelas sumárias e de urgência. São Paulo: Malheiros, 1998. p. 367.
(88) ARENHART, Sérgio Cruz. *A doutrina brasileira da multa coercitiva — três questões ainda polêmicas*, <http://www.academia.edu/214439/A_DOUTRINA_BRASILEIRA_DA_MULTA_COERCITIVA_-_TRES_QUESTOES_AINDA_POLEMICAS>, pesquisado em 31 de outubro de 2013.

> *possibilidade ou não de decisões judiciais injustas mas legítimas. A decisão judicial é imperativa para as partes porque deriva da autoridade pública — que detém o monopólio da força legítima — e só. Se a decisão reflete o melhor entendimento, ou se poderá ser alterada ao final do feito, são questões que extrapolam o âmbito de discussão do fundamento da autoridade do Estado, não competindo nem às partes, nem ao jurista. Por isso, no sistema brasileiro, parece adequado entender que, sendo a ordem formalmente válida — ou seja, obedecidos os requisitos legais para a sua expedição — merece ela cumprimento, ainda que, posteriormente, haja modificação do entendimento, e a conclusão final da causa dê pela improcedência da ação.".*

Portanto, para os defensores desta terceira corrente[89], a multa por descumprimento de obrigação de fazer e não fazer ou entregar coisa é exigível imediatamente, ainda que decisão futura possa reverter a condenação da respectiva obrigação. A exigibilidade da multa não pode estar condicionada ao trânsito em julgado da sentença nem pode ser anulada posteriormente, caso a decisão que determinou a obrigação de fazer, não fazer ou entregar coisa seja revogada. Esta revogação teria natureza constitutiva negativa, razão pela qual seu efeito *ex nunc* não retroagiria seus efeitos, de tal forma que aquela decisão judicial, enquanto encontrava-se válida, teria sido desrespeitada pelo réu, constituindo-se o fato gerador para a cobrança das astreintes.

Para sintetizar tal pensamento, remete-se novamente às palavras de *Sergio Cruz Arenhart* ao afirmar que

> *"atuará o magistrado aí como verdadeiro representante do Estado, mostrando que o descumprimento a uma ordem legítima não pode ser tolerado. Recorde-se, afinal, que é a certeza da punição que oferece o verdadeiro caráter coercitivo à multa e não o seu tamanho".*

■ 4.5. Quarta corrente: posição jurisprudencial (Superior Tribunal de Justiça)

A jurisprudência do Egrégio Superior Tribunal de Justiça tem adotado entendimento similar ao da tese majoritariamente aceita entre os doutrinadores, abordada acima como "segunda corrente". Para o entendimento pretoriano ora prevalecente, as astreintes, por deterem caráter híbrido, englobando traços de direito material e também processual, o seu valor reverterá ao titular do direito postulado na ação. Justamente por essa característica, sua sorte está atrelada ao sucesso da demanda na qual se busca a obrigação principal ou o direito material posto em juízo. Em outras

---

(89) Conforme entendimento dos juristas, por ordem de citação: Joaquim Felipe Spadoni e Sérgio Cruz Arenhart.

palavras, as astreintes ficarão pendentes de condição resolutiva: procedente o pedido, fica convalidada; se improcedente, perde-se seu efeito.

É bem verdade que há posições antagônicas na referida Corte. Há os defensores da corrente segundo a qual as astreintes somente poderiam ser executadas em sede definitiva, após o trânsito em julgado da decisão que as estipulou. Nesse sentido: AgRg no AREsp 50.196/SP, Min. Arnaldo Esteves Lima, 1ª Turma, julgado em 21.08.2012.

Por outro lado, há os que defendam a possibilidade de execução provisória das astreintes mesmo advinda de decisão interlocutória. Nesse sentido, AgRg no Recurso Especial n. 1.365.017-RS (2013/0025575-1), Ministro Humberto Martins, 2ª Turma, julgado em 04.04.2013, cuja Ementa segue abaixo reproduzida:

"PROCESSUAL CIVIL. OBRIGAÇÃO DE FAZER. EXECUÇÃO PROVISÓRIA. ASTREINTES. POSSIBILIDADE. ACÓRDÃO RECORRIDO EM CONSONÂNCIA COM JURISPRUDÊNCIA DO STJ. SÚMULA 83/STJ.

1. Verifica-se que o Tribunal *a quo* decidiu de acordo com jurisprudência desta Corte, no sentido da possibilidade de se proceder à execução provisória de astreintes.

2. "É desnecessário o trânsito em julgado da sentença para que seja executada a multa por descumprimento em antecipação de tutela." (AgRg no AREsp 50.816/RJ, Rel. Min. Herman Benjamin, Segunda Turma, julgado em 7.8.2012, Dje 22.08.2012).

Agravo regimental improvido."

No entanto, parece ganhar força no Egrégio Superior Tribunal de Justiça uma posição intermediária em relação às duas posições antagônicas acima apontadas, ora denominada de "quarta corrente". No Informativo 511 do STJ, disponibilizado em 2013, foi noticiado o REsp 1.347.726-RS, que parece refletir a tendência dessa Corte superior no tocante à execução provisória das multas por descumprimento de obrigação de fazer, não fazer e entregar coisa. Segundo referido Aresto, é possível a execução provisória das astreintes fixadas em tutela antecipada desde que cumpridos dois requisitos: o pedido a que se vincula a astreinte seja confirmado por julgamento de sentença ou acórdão e o recurso interposto contra essa sentença ou acórdão não tenha sido recebido no efeito suspensivo.

Eis a íntegra da Ementa deste Julgado que parece significar um divisor de águas no entendimento jurisprudencial do Egrégio Superior Tribunal de Justiça:

"RECURSO ESPECIAL N. 1.347.726 — RS (2012/0198645-5)
RELATOR: MINISTRO MARCO BUZZI
RECORRENTE: AYMORÉ CRÉDITO FINANCIAMENTO E INVESTIMENTO S/A
ADVOGADO: GUSTAVO DAL BOSCO E OUTRO(S)
RECORRIDO: OBERTI LEANDRO DE OLIVEIRA PINTO
ADVOGADO: EVANDRO MONTEMEZZO

EMENTA

RECURSO ESPECIAL — PROCESSUAL CIVIL — EXECUÇÃO PROVISÓRIA DE MULTA COMINATÓRIA IMPOSTA EM SEDE DE ANTECIPAÇÃO DE TUTELA — CARÁTER HÍBRIDO MATERIAL/PROCESSUAL DAS ASTREINTES — POSSIBILIDADE DE INICIAR-SE A EXECUÇÃO PRECÁRIA (ART. 475-O DO CPC) APENAS A PARTIR DA PROLAÇÃO DE SENTENÇA CONFIRMATÓRIA DA MEDIDA LIMINAR, DESDE QUE RECEBIDO O RESPECTIVO RECURSO DE APELAÇÃO SOMENTE NO EFEITO DEVOLUTIVO — INTELIGÊNCIA DO ART. 520, VII, DO CPC — CASO EM QUE A TUTELA ANTECIPATÓRIA RESTOU REVOGADA QUANDO DA PROLAÇÃO DA SENTENÇA DEFINITIVA, TORNANDO-SE SEM EFEITO — ACOLHIMENTO DA IMPUGNAÇÃO E EXTINÇÃO DA EXECUÇÃO QUE SE IMPÕE — RECURSO PROVIDO.

1. A multa pecuniária, arbitrada judicialmente para forçar o réu ao cumprimento de medida liminar antecipatória (art. 273 e 461, §§ 3º e 4º, CPC) detém caráter híbrido, englobando aspectos de direito material e processual, pertencendo o valor decorrente de sua incidência ao titular do bem da vida postulado em juízo. Sua exigibilidade, por isso, encontra-se vinculada ao reconhecimento da existência do direito material vindicado na demanda. Nesse sentido: REsp n. 1.006.473/PR, Rel. Ministro LUIS FELIPE SALOMÃO, Rel. p/ Acórdão Ministro MARCO BUZZI, QUARTA TURMA, julgado em 08.05.2012, DJe 19.06.2012).

2. Em vista das peculiaridades do instituto, notadamente seu caráter creditório a reclamar medidas expropriatórias para o respectivo adimplemento (penhora, avaliação, hasta pública), a execução das astreintes segue regime a ser compatibilizado com sua natureza, diferenciado-se daquele pertinente às demais modalidades de outorga da tutela antecipada, de ordem mandamental e executivo *lato sensu* (art. 273, § 3º, do CPC). Nesse contexto, a forma de o autor de ação individual exigir a satisfação do crédito oriundo da multa diária, previamente ao transito em julgado, corresponde ao instrumento jurídico-processual da execução provisória (art. 475-O do CPC), como normalmente se dá em relação a qualquer direito creditório reclamado em juízo.

3. Do mesmo modo que não é admissível a execução da multa diária com base em mera decisão interlocutória, baseada em cognição sumária e precária por natureza, também não se pode condicionar sua exigibilidade ao trânsito em julgado da sentença. Os dispositivos legais que contemplam essa última exigência regulam ações de cunho coletivo, motivo pelo qual não são aplicáveis às demandas em que se postulam direitos individuais. As astreintes serão exigíveis e, portanto, passíveis de execução provisória, quando a liminar que as fixou for confirmada em sentença ou acórdão de natureza definitiva (art. 269 do CPC), desde que o respectivo recurso deduzido contra a decisão não seja recebido no efeito suspensivo. A pena incidirá, não obstante, desde a data da fixação em decisão interlocutória.

4. No caso concreto, a liminar concedida em sede de tutela antecipada quedou revogada ao fim do processo, face à prolação de sentença que julgou improcedente o pedido, tornando sem efeito as astreintes exigidas na ação. Impositiva, nesse quadro, a extinção da execução provisória.

5. Recurso especial provido.

ACÓRDÃO

Vistos, relatados e discutidos estes autos, os Ministros da QUARTA TURMA do Superior Tribunal de Justiça acordam, na conformidade dos votos e das notas taquigráficas, por unanimidade, dar provimento ao recurso especial, nos termos do voto do Senhor Ministro Relator. Os Srs. Ministros Raul Araújo, Maria Isabel Gallotti e Antonio Carlos Ferreira votaram com o Sr. Ministro Relator. Ausente, justificadamente, o Sr. Ministro Luis Felipe Salomão. Presidiu o julgamento o Sr. Ministro Raul Araújo. Brasília (DF), 27 de novembro de 2012 (Data do Julgamento)

MINISTRO MARCO BUZZI — Relator".

Portanto, observa-se claramente que o Egrégio Superior Tribunal de Justiça parece tender a adotar uma posição até então não defendida pelos principais doutrinadores processualistas, qual seja, a de admitir a possibilidade de execução provisória das astreintes fixadas em tutela antecipada desde que o pedido a que a elas se vincule seja confirmado por julgamento de sentença ou acórdão e o recurso interposto contra essa sentença ou acórdão não tenha sido recebido no efeito suspensivo.

4.6. A execução provisória de astreintes no novo Código de Processo Civil

O novo Código de Processo Civil, aprovado pelo Congresso em 17.12.2014[90] e sancionado pela Presidente da República em 16.3.2015, contém em seu bojo abordagem expressa ao tema em questão. Conforme se observa do texto do seu art. 534, que faz parte da Seção I (Do cumprimento da sentença condenatória de fazer e de não fazer), do Capítulo VI (Da sentença condenatória de fazer, não fazer ou entregar coisa):

> **Art. 534.** A multa independe de requerimento da parte e poderá ser concedida na fase de conhecimento, em tutela provisória ou na sentença, ou na execução, desde que seja suficiente e compatível com a obrigação e que se determine prazo razoável para cumprimento do preceito.
>
> § 1º O juiz poderá, de ofício ou a requerimento, modificar o valor ou a periodicidade da multa vincenda ou excluí-la, caso verifique que:
>
> I — se tornou insuficiente ou excessiva;
>
> II — o obrigado demonstrou cumprimento parcial superveniente da obrigação ou justa causa para o descumprimento.
>
> § 2º O valor da multa será devido ao exequente.
>
> § 3º A decisão que fixa a multa é passível de cumprimento provisório, devendo ser depositada em juízo, permitido o levantamento do valor após o trânsito em julgado da

---

(90) <http://www.senado.gov.br/atividade/materia/detalhes.asp?p_cod_mate=116731>.

sentença favorável à parte ou na pendência do agravo fundado nos incisos II ou III do art. 1.039.

§ 4º A multa será devida desde o dia em que configurado o descumprimento da decisão e incidirá enquanto não for cumprida a decisão que a tiver cominado.

§ 5º O disposto neste artigo aplica-se, no que couber, ao cumprimento de sentença que reconheça deveres de fazer e de não fazer de natureza não obrigacional.

Assim, no novo Código de Processo Civil, com a redação do art. 534 tal qual consta do Projeto aprovado, haverá expressa determinação da lei para que a execução das astreintes decorrentes de descumprimento de obrigação de fazer, não fazer e entregar coisa siga as seguintes regras: (1) poderá ser executada provisoriamente; (2) o valor da multa deverá ser depositado em juízo; (3) seu levantamento deverá ser autorizado somente após o trânsito em julgado ou na pendência de agravo de admissão contra decisão denegatória de seguimento de recurso especial ou extraordinário (4) o destinatário da multa será o exequente.

5 Execução provisória de astreintes no processo do trabalho

5.1. Da aplicação subsidiária dos arts. 461 e 461-A, do CPC no Processo do Trabalho

Em primeiro lugar, é importante deixar claro que não há divergência na doutrina ou jurisprudência a cerca da aplicação subsidiária dos arts. 461 e 461-A, do CPC no Processo do Trabalho. A Consolidação das Leis do Trabalho é omissa no tocante à possibilidade de atribuição de multa por descumprimento de obrigação de fazer, não fazer e entregar coisa, razão pela qual se aplica subsidiariamente o Código de Processo Civil, na esteira do que determina o art. 769 da Consolidação das Leis do Trabalho.

Pedro Paulo Teixeira Manus[91] elucida a questão, ao comentar o art. 461 do CPC, ao afirmar que

> "Aplica-se ao processo do trabalho a sistemática introduzida pelo CPC, o que significa que a execução da obrigação de fazer ou não fazer é específica, não podendo o reclamado optar por não cumprir a decisão, indenizando o reclamante. A este, sim, nos termos do § 1º deste dispositivo, é que é dada a opção pela conversão em perdas e danos ou, ainda, no caso de impossibilidade material da execução. O § 3º prevê a possibilidade de antecipação de tutela, nas hipóteses de relevância do fundamento do pedido e receio de ineficácia ao final. Eventual resistência injustificada do reclamado implica multa diária (astreintes), a requerimento ou ex officio (§ 4º), desde que, expirado o prazo para cumprimento, este não seja obedecido pelo reclamado.".

---

(91) MANUS, 2010. p. 335.

Marcelo Freire Sampaio Costa[92] assevera também tal posicionamento ao admitir expressamente que, no tocante às obrigações de fazer, não fazer e entregar coisa, os arts. 461 e 461-A do CPC são aplicáveis subsidiariamente ao processo do trabalho, adotando-se o que intitula de *"via executiva sem solução de continuidade"*, ou seja, sem a necessidade de adoção da liquidação de sentença prévia às referidas obrigações.

Carlos Henrique Bezerra Leite[93] evidencia que tanto a Consolidação das Leis do Trabalho como a Lei de Execução Fiscal são omissas a respeito do cumprimento das sentenças que veiculam obrigações de fazer, não fazer e entregar coisa, razão pela qual se impõe a aplicação subsidiária dos arts. 461 e 461-A do CPC, diante de tal lacuna normativa.

Manoel Antonio Teixeira Filho[94], ao tratar da antecipação de tutela, conclui que o art. 273 do CPC encerra norma geral sobre antecipação dos efeitos da tutela da qual o art. 461 do mesmo Código constitui emanação específica. E categoricamente afirma que, na efetivação da tutela antecipada, o juiz poderá:

"a) impor multa diária ao réu, independentemente de pedido do autor, desde que suficiente ou compatível com a obrigação, estabelecendo prazo razoável para cumprimento do preceito (CPC, art. 461, § 4º);

b) adotar, *ex officio* ou a requerimento do autor, as medidas necessárias à efetivação da tutela antecipada, e requisitar força policial (CPC, art. 461, § 5º);"

E, finalmente, evidencia o jurista que, quando a antecipação dos efeitos da tutela tiver por objeto entrega de coisa, deverão ser atendidas as disposições contidas no art. 461-A, na norma processual civil vigente.

Portanto, não há divergência relevante na doutrina a respeito da aplicação subsidiária dos arts. 461 e 461-A, do Código de Processo Civil no Processo do Trabalho.

5.2. Das hipóteses de execução de obrigação de fazer, não fazer e entregar coisa no Processo do Trabalho

Não seria este estudo oportuno caso as hipóteses de execução de obrigação de fazer, não fazer e entregar coisa não fossem frequentes ou não guardassem importância no cenário do direito processual do trabalho. De fato, a doutrina — e a práxis trabalhista — evidenciam a relevância do tema.

---

(92) COSTA, 2012. p. 154/155.
(93) LEITE, 2011. p. 987.
(94) TEIXEIRA FILHO, 2004. p. 224/225.

5.2.1. Das obrigações de fazer

São frequentes as tutelas que determinam ao réu obrigações de fazer no processo do trabalho. Um dos exemplos mais comuns na seara processual trabalhista é a obrigação de anotar ou retificar a Carteira de Trabalho. Também há determinação de entrega de guias de levantamento dos depósitos de FGTS e de fornecimento dos documentos necessários para soerguimento do seguro-desemprego. No tocante a mencionados exemplos de obrigação de fazer, *Wagner D. Giglio*[95] defende a não concessão de antecipação de tutela de tais obrigações de fazer quando houver risco de irreversibilidade da providência adotada. Aliás, mencionado jurista elucida outros exemplos de obrigação de fazer aplicáveis ao contexto do processo do trabalho, tais como a promoção em empresas que mantenham quadro organizado de carreira.

No entanto, a hipótese mais concreta e frequente de obrigação de fazer é a reintegração de empregado. *Wagner D. Giglio*[96] entende não haver compatibilidade entre o pedido de reintegração de dirigente sindical com as regras previstas nos arts. 273 e 461 do CPC, pois a tal respeito a Consolidação das Leis do Trabalho seria expressa ao determinar o procedimento específico ao caso, nos termos do art. 659, X, razão pela qual não haveria lacuna normativa a justificar a aplicação subsidiária dos dispositivos processuais citados. No entanto, o próprio jurista adverte que se

> *"o pedido de tutela antecipada for feito incidentemente, no curso da ação reivindicando reintegração, mesmo sendo reclamante dirigente sindical e, com maior razão, se o pedido, ainda que liminar, for de empregado estável, por outro fundamento (contratual, em convenção coletiva, decisão normativa ou acordo coletivo), não se atrita com a regra do art. 659, X, da CLT, e com ela se compatibiliza, regulando a hipótese na omissão da legislação processual trabalhista."*

E ainda observa que não há qualquer incompatibilidade na aplicação das astreintes do art. 461, § 4º, do CPC, pois a existência da pena prevista no art. 729 da CLT, incide somente pelo descumprimento de decisão passada em julgado sobre a readmissão ou reintegração de empregado, hipótese diversa daquele dispositivo do CPC que aborda desrespeito à ordem preliminar de tutela antecipada.

Aliás, no tocante à reintegração de empregado estável, relevante discussão trava-se a respeito da possibilidade (ou não) de se realizar a reintegração *manu militari*, diante da negativa do devedor de proceder à ordem judicial de reintegração. *Manoel Antonio Teixeira Filho* sustenta tal possibilidade, observando que assim também pensa *Wagner D. Giglio*, embora aponte entendimento diverso de *Coqueijo Costa, Tostes Malta* e *Antonio Lamarca*[97].

---

(95) GIGLIO, Wagner D. *Direito Processual do Trabalho*. 14. ed. São Paulo: Saraiva, 2005. p. 280/281.
(96) *Ibid.*, p. 282.
(97) TEIXEIRA FILHO, 2004. p. 409/410.

Este último argumenta desfavoravelmente à reintegração forçada sustentando que haveria uma compensação pecuniária para o inadimplemento, referindo-se às astreintes. No entanto, *Manoel Antonio Teixeira Filho* rechaça tal argumento, principalmente diante da natureza coercitiva das astreintes, visando atender ao que intitulou de *"necessidade imperiosa de se fazer com que as decisões proferidas pelo Poder Judiciário sejam cumpridas de acordo com a vontade soberana do órgão jurisdicional, a fim de que esse Poder tenha preservada a sua autoridade e a sua dignidade."*.

5.2.2. Das obrigações de não fazer

Embora menos frequente se comparada às obrigações de fazer, as obrigações de não fazer ainda assim são vislumbráveis no processo do trabalho. Exemplo clássico da doutrina é a obrigação de não transferir o empregado para localidade diversa daquela em que foi contratado (arts. 469 e 659, X, da CLT). *Carlos Henrique Bezerra Leite*[98] ainda elucida outro exemplo, no tocante a ações judiciais que veiculem pedidos como a proibição de um ato do empregador que implique prejuízo direto ou indireto ao empregado, como, por exemplo, a alteração da forma de pagamento de salário fixo para comissões. A esses exemplos, podem-se agregar todas as hipóteses em que se veicule obrigação de não fazer consubstanciada na impossibilidade de se alterar o contrato de trabalho em prejuízo do trabalhador, na esteira do art. 468 da Consolidação das Leis do Trabalho.

5.2.3. Das obrigações de entregar coisa

Como ensina *Carlos Henrique Bezerra Leite*[99],

> *"a execução ou cumprimento da obrigação para entrega de coisa admite duas modalidades: a de entrega de coisa certa e a de entrega de coisa incerta. Entende-se por coisa certa a que se encontra perfeitamente individuada, que se identifica segundo as suas características singulares, inconfundível, portanto, com qualquer coisa. É, por isso mesmo, e em linha de princípio, infungível. Já a coisa incerta é aquela que se determina apenas pelo seu gênero e quantidade, carecendo, pois, de elementos distintivos que tornem possível a sua identificação. Eis a razão de sua fungibilidade, isto é, a coisa incerta pode ser substituída por outra da mesma espécie, qualidade e quantidade (CC, art. 85)".*

Mencionado jurista elenca alguns exemplos de cabimento de tutela específica da obrigação de entrega de coisa certa no processo do trabalho: empregado que ocupa imóvel de propriedade do empregador como salário *in natura* (CLT, art. 458, § 3º);

---

(98) LEITE, 2011. p. 1064/1065.
(99) *Ibid.*, p. 1060/1062.

empregador que retém arbitrariamente os instrumentos de trabalho de propriedade do empregado; empregador que retém ilegalmente a CTPS do empregado; entrega de guias devidamente preenchidas para saque do FGTS e para o empregador receber o seguro-desemprego. Nesta última hipótese, envolvendo entrega de guias, *Carlos Henrique Bezerra Leite* alerta que há duas obrigações nelas embutidas, a de fazer, consistente no preenchimento da guia, e a de entregar coisa certa, consubstanciada na obrigação de entregá-las ao empregado.

5.3. Da execução provisória de astreintes vista pela doutrina trabalhista

Conforme pode ser constatado acima, é vasta a abordagem do tema objeto do presente estudo por parte dos processualistas. No que diz respeito, no entanto, aos doutrinadores afeitos ao Direito Processual do Trabalho, o mesmo não ocorre, sendo incomum encontrar juristas que enfrentaram a questão, talvez até mesmo pelo fato de tal assunto ter sido exaurido na seara do Direito Processual Civil.

Alguns doutrinadores defendem a impossibilidade de execução provisória de sentença condenatória de obrigação de fazer, como, por exemplo, a que determina a reintegração de empregado detentor de garantia de emprego. Para tais juristas, o principal argumento seria o de que a execução de fazer provisória tornar-se-ia definitiva, notadamente no que diz respeito à reintegração de emprego, pois o empregado receberia os salários pelo tempo que teria trabalhado e o ressarcimento do empregador seria impraticável, na hipótese de reversão da decisão provisória que teria autorizado o retorno do empregado ao quadro de funcionários.

É o caso, por exemplo, do pensamento de *Manoel Antonio Teixeira Filho*, que defende ser "desaconselhável", e, na grande maioria dos casos, "impossível" a execução provisória das obrigações de fazer.[100]

No entanto, tal entendimento não representa a posição majoritária da doutrina e jurisprudência, que admite a execução provisória de tutela de obrigação de fazer. A esse respeito, *Carlos Henrique Bezerra Leite* coerentemente argumenta:

> *"Ora, se se tem admitido a antecipação de tutela de obrigação de fazer, que é uma decisão interlocutória, revogável a qualquer tempo, sujeita apenas à cognição sumária, com muito mais razão se deve admitir a execução provisória de obrigação de fazer, pois esta constitui comando de uma sentença, ato mais importante do processo e praticado após cognição exauriente."*[101]

---

(100) TEIXEIRA FILHO, 2004. p. 217/218.
(101) LEITE, 2011. p. 1018.

Francisco Gérson Marques de Lima é categórico ao defender a adequabilidade entre a execução provisória e obrigação de fazer. Muito embora admita que a Justiça do Trabalho tenha sido

> *"refratária à concessão de liminares em obrigação de fazer e a executá-las provisoriamente, mesmo quando proferida sentença, então em grau recursal. Esta dificuldade é sentida, principalmente, no campo das ações coletivas, máxime na Ação Civil Pública"*.[102]

Indaga provocativamente o doutrinador:

> *"Pois bem. De que adiantaria a liminar concedida liminarmente em obrigação de fazer, se ela não pudesse ser executada desde logo? A resposta a esta indagação deixa claro que o juízo pode determinar providencias liminares e executá-las. Mais do que isto. Se o juiz pode conceder liminar em obrigação de fazer e executá-la, com muito maior razão pode executar a sentença que confirma o provimento liminar, mesmo pendente de recurso".*

Para aqueles autores que defendem a impossibilidade de se promover a execução provisória da tutela de obrigação de fazer, não fazer e de entregar coisa, fica razoável deduzir-se que corroboram o mesmo posicionamento no que diz respeito à execução provisória das astreintes a ela correlatas. Ora, se referidos juristas não admitem a execução provisória da própria obrigação de fazer, não fazer e entregar coisa, por que razão admitiriam a possibilidade de executar-se provisoriamente a medida coercitiva que visava o cumprimento de referidas tutelas?

No entanto, para a grande maioria dos juristas trabalhistas, que defende a possibilidade de promoção de execução provisória das obrigações de fazer, não fazer e entregar coisa, fica a dúvida quanto ao posicionamento no tocante à possibilidade de execução provisória das multas por descumprimento das referidas obrigações.

Poucos processualistas do trabalho abordaram especificamente o tema. *Sergio Pinto Martins*[103] foi um deles. Para referido jurista, a multa deve ser especificada na sentença para que possa haver o trânsito em julgado da questão. No tocante ao momento a partir do qual a multa se torna exigível, *Martins* é categórico: "*Todavia, a multa só poderá ser cobrada com o trânsito em julgado; antes disso, será passível de recurso.*". Esta opinião, aliás, guarda coerência com sua posição no sentido de que a "*Tutela específica de obrigação de fazer ou não fazer não comporta execução provisória, por ser satisfativa*".

---

(102) LIMA, 2010. p. 178/180.
(103) MARTINS, Sergio Pinto. *Direito Processual do Trabalho*. 34. ed. São Paulo: Atlas, 2013. p. 591.

Francisco Antonio de Oliveira[104] é também categórico ao afirmar que as obrigações de fazer e de não fazer não admitem execução provisória, razão pela qual a execução somente poderia ser implementada após o trânsito em julgado. No entanto, o jurista admite expressamente o acréscimo das astreintes na execução definitiva, caso, após o trânsito em julgado, verifique-se a confirmação daquela decisão — até então precária — de obrigação de fazer, não fazer e de entregar coisa:

> *"Acontece que dificilmente o devedor concorda em cumprir a obrigação. Atento a esta parte, o legislador desceu do seu pedestal de sonhador e deu nova redação ao art. 644 (lei 10.444/2002, que remete ao art. 461 do CPC), determinando que o Juiz aplique de ofício pena pecuniária (astreintes) por dia de atraso.".*

Mauro Schiavi[105] defende a possibilidade de execução provisória de obrigação de fazer, não fazer e entregar coisa, além de evidenciar aspectos específicos inerentes à execução trabalhista:

> *"No processo do trabalho, normalmente, a execução da obrigação de fazer está cumulada com a execução das obrigações de pagar, em razão das diversas obrigações que decorrem do contrato de trabalho e, como regra geral, as iniciais apresentarem vários pedidos em cumulação objetiva, sendo difícil a sentença trabalhista conter condenação apenas de obrigação de fazer ou não fazer. Por isso, na prática, o Juiz do Trabalho expede mandado para cumprimento da obrigação de fazer ou não fazer, fixando prazo para cumprimento, sob consequência de multa diária para o não cumprimento".*

No entanto, não enfrenta o doutrinador a questão relacionada ao momento em que referida multa diária poderia ser executada.

José Augusto Rodrigues Pinto[106] resvala a questão, através de um interessante ponto de vista, defendendo a possibilidade de instauração de execução provisória fundada em obrigação de fazer pelo simples fato de não existir qualquer disposição legal que autorize o juiz do trabalho a negá-la. E, para que a sentença contendo uma obrigação de fazer, não fazer ou entregar coisa seja inócua, defende a fixação de multa diária:

> *"isso nos leva a recomendar que, nas relações do Direito material do trabalho, procure o empregado contornar, com imaginação, a inoperância da execução provisória por obrigação simplesmente de fazer, acoplando-a a outra de dar. Por exemplo,*

---

(104) OLIVEIRA, Francisco Antonio de. *Manual de Processo do Trabalho*. 3. ed. São Paulo: Revista dos Tribunais, 2005. p. 576/577.

(105) SCHIAVI, Mauro. *Execução no processo do trabalho*. São Paulo: LTr, 2008. p.153/154 e 308/312.

(106) PINTO, José Augusto Rodrigues. *Execução trabalhista: estática, dinâmica, prática*. 10. ed. São Paulo: LTr, 2004. p. 514/515.

fixando multa diária por atraso na entrega da carta de recomendação, o que ensejará a penhora de bens para garantia do cumprimento da obrigação de dar, até a exigibilidade definitiva da de fazer".

Nessa seara, o jurista processual trabalhista admite o estabelecimento por parte do juiz do que intitulou de *"uma forma semelhante de astreinte pelo retardamento em cumprir-se o título"*, de tal sorte que referida multa diária poderia ser alvo de execução provisória até a penhora, conforme determina expressamente o art. 899 da CLT, ou, nas suas próprias palavras, *"proporcionando a penhora de bens sobre o valor acumulado da multa, em face da não suspensividade estabelecida, como regra, para os recursos trabalhistas"*.

Embora não aborde especificamente a questão, fica claro que *José Augusto Rodrigues Pinto* defende a execução provisória das astreintes no processo do trabalho, admitindo-a até a penhora, razão pela qual se deduz que seu entendimento acompanha aqueles que defendem a perda da eficácia do título executivo judicial em questão na hipótese de revogação daquele título precário.

Há de se destacar, por fim, que o posicionamento dos poucos juristas processualistas do trabalho que, quando enfrentaram o tema, o fizeram de forma reticente, está em descompasso com a atual jurisprudência trabalhista, que adotou postura bem mais contundente e coerente com a importância do processo do trabalho na busca da efetividade da Justiça, conforme será a seguir evidenciado:

5.4. Jurisprudência trabalhista

O Tribunal Superior do Trabalho tem reiteradamente proferido decisões no sentido de permitir a execução provisória das astreintes, mas com revogação da execução no caso de reforma da decisão precária, em compasso com o que intitulamos de "segunda corrente" (item 4.3 *supra*).

O curioso é que a jurisprudência trabalhista tem guardado coerência muito mais com a doutrina processualista se comparado aos doutrinadores específicos da área processual trabalhista.

Já há decisões proferidas pela SBDI-1, do Tribunal Superior do Trabalho, o que demonstra uma tendência de solidificação do entendimento jurisprudencial ao encontro da ora chamada "segunda corrente". Eis os arestos:

"MULTA POR DESCUMPRIMENTO DE OBRIGAÇÃO DE FAZER. EXIGIBILIDADE DO PAGAMENTO ANTES DO TRÂNSITO EM JULGADO. INEXISTÊNCIA DE OFENSA AO PRINCÍPIO DO CONTRADITÓRIO E DA AMPLA DEFESA. (E-ED-RR — 81300-56.2002.5.03.0017 Data de Julgamento: 01.03.2012, Relator Ministro: Augusto César Leite de Carvalho, Subseção I Especializada em Dissídios Individuais, Data de Publicação: DEJT 16.03.2012)."

Diversos outros arestos seguem a mesma linha de raciocínio:

"2ª Turma

AGRAVO DE INSTRUMENTO EM RECURSO DE REVISTA.

EXECUÇÃO. MULTA POR DESCUMPRIMENTO DA OBRIGAÇÃO DE FAZER.

(...)

Quanto à multa por descumprimento da obrigação de fazer, inviável o conhecimento do recurso de revista, uma vez que a invocação genérica de violação do art. 5º, inciso II, da Constituição Federal de 1988 não é suficiente para autorizar o processamento de recurso de revista com base na previsão da alínea "c" do art. 896 da CLT, visto que, para sua constatação, seria necessário concluir, previamente, ter ocorrido violação de preceito infraconstitucional, como ocorre neste caso.

ISTO POSTO, ACORDAM os Ministros da Segunda Turma do Tribunal Superior do Trabalho, por unanimidade, negar provimento ao agravo de instrumento.

Brasília, 25 de abril de 2012.

JOSÉ ROBERTO FREIRE PIMENTA — Ministro Relator

PROCESSO N. TST-AIRR-11008-89.2010.5.04.0000".

Outro aresto da SBDI-1, do E. TST, que adotou o mesmo entendimento:

"ACÓRDÃO

(Ac. SDI-1)

EMBARGOS — INDENIZAÇÃO POR DANO MORAL COLETIVO

O único precedente colacionado é inespecífico, atraindo a incidência da Súmula n. 296, item I, do TST.

MULTA POR DESCUMPRIMENTO DE DECISÃO JUDICIAL — INEXIGIBILIDADE DO PAGAMENTO ANTES DO TRÂNSITO EM JULGADO — INEXISTÊNCIA DE AFRONTA DO ART. 5º, LV, DA CONSTITUIÇÃO FEDERAL — RETORNO DOS AUTOS À TURMA. Hipótese em que se discute o momento no qual se tornaria exigível a multa por descumprimento de decisão judicial, tendo impugnado o embargante o conhecimento do recurso de revista, por violação do art. 5º, LV, da Constituição Federal. Divergência jurisprudencial específica, provendo-se os embargos quanto a não ser inconstitucional a determinação de que se execute a astreinte independentemente do trânsito em julgado. Necessidade de retorno dos autos à Turma para a análise do segundo fundamento a aparelhar o recurso de revista. Recurso de embargos conhecido e provido.

(...)

ISTO POSTO

ACORDAM os Ministros da Subseção I Especializada em Dissídios Individuais do Tribunal Superior do Trabalho, por unanimidade, conhecer dos Embargos no tema "Multa por Descumprimento de Decisão Judicial — Inexigibilidade do Pagamento antes do Trânsito em Julgado", por divergência jurisprudencial, e, no mérito, por maioria, dar-lhes provimento para, afastada a aplicação do art. 5º, inciso LV, da Constituição da República, determinar o retorno dos autos à Turma de origem a fim de que examine o conhecimento do recurso de revista sob o prisma da violação do art. 12, § 2º, da Lei n. 7.357/85, vencidas as Exmas. Ministras Maria Cristina Irigoyen Peduzzi, relatora, Dora Maria da Costa e Delaíde Miranda Arantes; II — por unanimidade, não conhecer dos embargos no tópico "Indenização por Dano Moral Coletivo".

Brasília, 8 de Março de 2012.

AUGUSTO CÉSAR LEITE DE CARVALHO — Redator designado

PROCESSO N. TST-RR-161200-53.2004.5.03.0103 — FASE ATUAL: E-ED".

Outro relevante Acórdão da SBDI-1 do E. TST:

"ACÓRDÃO

(SDI-1)

(...)

MULTA POR DESCUMPRIMENTO DE OBRIGAÇÃO DE FAZER. EXIGIBILIDADE DO PAGAMENTO ANTES DO TRÂNSITO EM JULGADO. INEXISTÊNCIA DE OFENSA AO PRINCÍPIO DO CONTRADITÓRIO E DA AMPLA DEFESA.

(...)

ISTO POSTO

ACORDAM os Ministros da Subseção I Especializada em Dissídios Individuais do Tribunal Superior do Trabalho, por unanimidade, conhecer do recurso de embargos quanto aos temas "Legitimidade do Ministério Público do Trabalho para propor Ação Civil Pública na qual se postula a defesa de direitos individuais homogêneos" e "Multa por descumprimento de obrigação de fazer termo *a quo*", por divergência jurisprudencial e, no mérito, por maioria, negar-lhe provimento, vencidos os Exmos. Ministros João Batista Brito Pereira, Maria Cristina Peduzzi, Renato de Lacerda Paiva e Dora Maria da Costa.

Brasília, 1 de Março de 2012.

AUGUSTO CÉSAR LEITE DE CARVALHO Ministro Relator

PROCESSO N. TST-RR-81300-56.2002.5.03.0017 — FASE ATUAL: E-ED".

Finalmente, destaca-se o presente Acórdão que expressamente esclarece que, muito embora seja permitida a execução provisória das astreintes, na hipótese de tutela definitiva revogar a tutela de obrigação de fazer, não fazer ou entregar coisa que justificou a atribuição da referida multa, referida execução restará nula. Eis o aresto, com destaque para o trecho que trata especificamente da revogabilidade acima tratada:

"ACÓRDÃO — 1ª Turma

AGRAVO DE INSTRUMENTO. EXECUÇÃO. REINTEGRAÇÃO. MULTA DIÁRIA. Não demonstrada a alegada violação direta e literal de dispositivo da Constituição da República, única hipótese autorizada pelo legislador ordinário para o processamento do recurso de revista nos feitos em execução, forçoso concluir pela inadmissibilidade do agravo de instrumento. A discussão acerca da possibilidade de execução provisória de obrigação de fazer e do momento a partir do qual são devidas as astreintes reveste-se de contornos nitidamente infraconstitucionais, não autorizando concluir pela violação de nenhum dispositivo constitucional. Agravo de instrumento a que se nega provimento.

Vistos, relatados e discutidos estes autos do Agravo de Instrumento em Recurso de Revista n. TST-AIRR-115540-27.2003.5.23.0002, em que é Agravante ADUFMAT — ASSOCIAÇÃO DOS DOCENTES DA UNIVERSIDADE FEDERAL DE MATO GROSSO e são Agravadas MÁRCIA REGINA GONÇALVES ANDREOLA E OUTRA.

(...)

II — MÉRITO

EXECUÇÃO. REINTEGRAÇÃO. MULTA DIÁRIA.

O Tribunal Regional da 23ª Região, por meio do acórdão prolatado às fls. 311/325, deu provimento ao agravo de petição interposto pelas reclamantes para determinar a inclusão nos cálculos da sentença de liquidação das astreintes fixadas pela sentença exequenda. Erigiu, na ocasião, os seguintes fundamentos, às fls. 319/325:

As Exeqüentes inconformam-se com a decisão revisanda que indeferiu o pedido de inclusão das astreintes nos cálculos de liquidação. Fundamentou o Juízo de origem que não houve a expedição de mandado de reintegração, em conseqüência, não incorreu a Executada em mora de modo a justificar a aplicação da multa em epígrafe.

Alegam as Recorrentes que a sentença proferida nos autos principais reconheceu a sua estabilidade sindical e determinou a imediata reintegração ao emprego (fls. 51/62), sendo que em decisão posterior (fl. 290 dos autos principais, trasladada à fl. 69), após solicitação das obreiras, foi fixado o valor das astreintes sem que o Juízo se manifestasse acerca do pedido de expedição do mandado de reintegração. Em razão disso, acrescentam que "não se vê como, agora, se possa fazer tal exigência, deixando de acatar o pedido de cômputo da 'astreinte'." (fl. 169).

Com razão as exeqüentes.

(...).

2. A sentença está sujeita a Recurso Ordinário, a ser recebido em efeito meramente devolutivo (CLT, art. 899, *caput*), admitindo-se a reintegração mesmo antes do trânsito em julgado, à semelhança do que ocorre no casos de antecipação da tutela. A propósito, seria absurdo que se autorizasse a imediata reintegração, como ordinariamente ocorre, em juízo preliminar (tutela antecipada) e não admitir a mesma ordem, proferida após instrução exauriente da lide (inteligência e aplicação por analogia das Orientações jurisprudenciais números 64 e 65, da SDI-2/TST).

3. Acolho os pedidos números 6 e 7 das reclamantes, fixando-se, no entanto, o valor das

astreintes em R$ 150,00/dia em relação a cada uma das reclamantes, valor que reputo suficiente ao cumprimento da medida pela reclamada, sem prejuízo do pagamento dos salários do período que recalcitrar na reintegração determinada.

(...)

Esclareço, por oportuno, que a presente discussão se trava em sede de execução provisória, estando a sentença objeto de execução sujeita a Recurso Ordinário, pelo que a presente decisão fica sem efeito, sobrevindo acórdão que a modifique ou a anule, restituindo-se as partes ao estado anterior, nos exatos termos do inciso III, do art. 588, do CPC.

Dou provimento.

(...)

ISTO POSTO

ACORDAM os Ministros da Primeira Turma do Tribunal Superior do Trabalho, por unanimidade, negar provimento ao agravo de instrumento.

Brasília, 11 de maio de 2011.

Lelio Bentes Corrêa — Ministro Relator — PROCESSO N. TST-AIRR-115540--27.2003.5.23.0002".

Conforme se observa da jurisprudência consolidada da mais alta Corte trabalhista, o entendimento pretoriano admite a execução provisória das multas por descumprimento de obrigação de fazer, não fazer e entregar coisa, deferidas em decisões liminares em antecipação de tutela, ou mesmo em sentenças impugnadas por recurso com efeito meramente devolutivo, sob o argumento de que a eficácia da decisão judicial não pode sofrer qualquer limite, sob pena de se perder a natureza coercitiva da astreinte.

Não obstante, na hipótese de revogação da tutela que determinou a medida coercitiva, a execução provisória tornar-se-ia sem efeito, caso venha a se definir posteriormente que o autor não tinha o direito à tutela que teria originado o crédito da multa que provisoriamente teria incidido.

Finalmente, e até mesmo para garantir-se a revogabilidade da execução provisória, a execução provisória no processo do trabalho seguirá a regra expressa do art. 899, da CLT, o qual estabelece que os recursos trabalhistas tenham, como regra, o efeito apenas devolutivo, permitindo-se, portanto, a execução provisória <u>até a penhora, não se aplicando subsidiariamente o art. 475-O, do CPC, conforme já esclarecido anteriormente (item 3.2 *supra*)</u>.

■ 5.5. *Da execução provisória de astreintes no processo do trabalho e a efetividade da execução trabalhista*

Este estudo já teve a oportunidade de discorrer a respeito da tendência de busca da efetividade do processo, como meio de obtenção do acesso à Justiça. Destacou-se o caráter público do direito processual mesmo quando instrumento de solução de conflitos de natureza individual, eis que vislumbrado o interesse público estatal na busca da solução de conflitos, através da aplicação do direito e, consequentemente, na realização da Justiça.

No processo do trabalho, essa tendência é a mesma, senão mais acentuada, dada a natureza alimentar das verbas trabalhistas.

Francisco Gérson Marques de Lima[107] sintetizou essa tendência, apontando que a jurisdição, de há tempos, deixou de ser a *"jurisdição de direito"*, aquela caracterizada pela aplicação da norma, preexistente ao conflito, e passou a adotar o que intitula de *"jurisdição de equidade"*, esta definida pelo poder do juiz de criar o Direito ao caso concreto, erigido pela busca de justiça e da equidade, em clara inspiração nos ensinamentos de *Ronald Dworkin, Robert Alexy, Friedrich Muller* (item 1.1 *supra*) e tantos outros juristas que propagaram os ideais do que se transformou no chamado neoconstitucionalismo.

A intitulada jurisdição de equidade foi assim definida por *Francisco Gérson Marques de Lima*:

> *"A jurisdição de equidade postula que, ao lado do direito material de cunho social, assegurador de direitos fundamentais — que se manifestam concretamente de múltiplas formas-, haja um processo adequado, apto a fazer as constantes adaptações das normas às circunstancias concretas. Tem de ser um processo mais livre, mais aberto, com ancoras a balizarem seus operadores, mas sem os enclausurarem irremediavelmente. Idealiza-se, então, o 'processo de princípios', onde os marcos delimitadores têm cunho principiológico."*[108]

E o compromisso da Justiça do Trabalho com a equidade é nítido e expresso, conforme se observa da simples leitura do art. 8º da CLT.

Especificamente na seara do Direito do Trabalho, além dos princípios já articulados anteriormente, quando se abordou o processo como instrumento de efetividade (item 1.1 *supra*), há toda a gama dos direitos sociais instrumentalizados pelo Processo do Trabalho, inspirados pelos princípios da dignidade da pessoa humana e da função social do trabalho.

Este fenômeno da constitucionalização do direito do trabalho consagrou, em um primeiro momento, os chamados direitos fundamentais específicos dos trabalhadores, mas, atualmente, tende a proteger a chamada cidadania da empresa, consubstanciada na proteção dos direitos de forma geral, no espaço físico da empresa, não só como

---

[107] LIMA, Francisco Gérson Marques de. *Fundamentos do processo do trabalho*. São Paulo: Malheiros, 2010. p. 66.
[108] *Ibid.*, p. 82.

trabalhadores, mas, sobretudo, como cidadãos, de tal sorte a evitar que o homem-
-trabalhador seja tratado como mercadoria ou coisa.[109]

Essa nova postura advinda da chamada constitucionalização do direito do trabalho, portanto, busca dar maior proteção aos direitos fundamentais dos trabalhadores. Na eventual colisão entre os direitos dos trabalhadores e dos empregados, o aplicador da norma jurídica deverá, no caso concreto, socorrer-se do princípio da proporcionalidade, segundo o qual se defende a ocorrência de um certo equilíbrio entre os benefícios que se obtém pela proteção ao direito e os eventuais prejuízos a serem experimentados pela parte que sofrer a intervenção do aplicador do direito.

No caso da colisão entre o princípio do acesso à Justiça (do empregado) e a segurança jurídica (do empregador), o aplicador do direito trabalhista é uníssono ao atribuir valor maior à Justiça, ainda mais quando se aborda a Justiça social. Daí por que se prestigiar a simplicidade, a celeridade e a oralidade.

Portanto, no que diz respeito às regras de inspiração mandamental, introduzidas no ordenamento jurídico processual brasileiro pelas Leis ns. 8.952/94 e 10.444/2002, a saber, os conceitos atinentes à execução de obrigação de fazer, não fazer e de entregar coisa (arts. 461 e 461-A, do CPC), que, como já foi demonstrado, se aplicam subsidiariamente ao direito processual do trabalho, nota-se claramente que referidas modificações legislativas foram baseadas na ideia de se buscar maior efetividade às decisões judiciais.

Ao se indagar se é adequada ao Direito Processual do Trabalho a execução provisória das astreintes decorrentes do inadimplemento das obrigações de fazer, não fazer ou entregar coisa, parece claro compreender que a resposta positiva é a mais coadunada com o Direito do Trabalho em sua visão neoconstitucional.

Em primeiro lugar, ao se aplicar o princípio da proporcionalidade ao direito do empregado, consubstanciado no acesso à Justiça (através da execução imediata dos meios coercitivos que estimulem o cumprimento de tutela jurisdicional) em contraponto ao do empregador, calcado na segurança jurídica de que não se promova provisoriamente uma multa por descumprimento de uma ordem de fazer, não fazer ou entregar coisa, diante da possibilidade de reversão de tal decisão *a posteriori*, nessa ponderação de princípios, o da segurança jurídica terá que ceder, no caso concreto, para se evitar um mal maior, qual seja, a negação ao princípio do acesso à Justiça, como corolário da proteção dos direitos fundamentais do trabalhador.

Em se tratando de execução provisória, há que seguir a regra prevista expressamente no art. 899 da CLT, vale dizer, permitindo-se que a execução prossiga até a realização da penhora, já que não se aplica subsidiariamente ao direito processual do trabalho o art. 475-O, do CPC, conforme anteriormente já foi demonstrado.

---

(109) AMARAL, Júlio Ricardo de Paula. *Eficácia dos direitos fundamentais nas relações trabalhistas*. São Paulo: LTr, 2007. p. 83/84.

Na hipótese de revogação da decisão provisória que determinava a incidência das astreintes decorrentes do inadimplemento da obrigação de fazer, não fazer ou entregar coisa, a decisão judicial superveniente terá efeito *ex tunc*, tornando-se sem efeito a execução da multa coercitiva. Esta posição que, como já se observou acima (item 5.4 *supra*), é a adotada pelo Egrégio Tribunal Superior do Trabalho, parece-nos a mais coerente a ser defendida.

Com efeito, observando-se que o destinatário da execução das astreintes é o próprio empregado autor, não faria sentido, sob pena de se lhe provocar enriquecimento sem causa, em detrimento do empregador, destinar-lhe a multa por descumprimento de uma obrigação que, em juízo exauriente, tornou-se inadequada.

Assim, ao demonstrar o réu, através do julgamento do mérito, que sua resistência em cumprir a obrigação de fazer, não fazer ou entregar coisa era legítima, a multa desaparecerá retroativamente, tornando-se nula a execução provisória das astreintes.

De fato, não seria equânime uma decisão que provocasse o enriquecimento sem causa em favor do credor quando a multa em questão não se destina a satisfazer um interesse do credor, mas tão somente assegurar a autoridade da ordem judicial. E a autoridade judicial, nas palavras de *Eduardo Talamini*[110], ampara-se precisamente em sua finalidade de tutelar quem tem razão, razão pela qual não se sustenta o argumento da permanência da incidência da multa em caso de posterior revogação da obrigação que a motivou.

Assim, se, em caráter definitivo, o órgão jurisdicional confirmou a inexistência do direito objeto da demanda, não há como se justificar a prevalência da multa que servia justamente para induzir o cumprimento de uma obrigação que tenha sido declarada inexistente pelo próprio Estado-Juiz.

Portanto, é absolutamente coerente com a chamada visão constitucionalista do Direito do Trabalho a admissão da possibilidade de execução provisória das astreintes em decorrência de descumprimento de obrigação de fazer, não fazer ou entregar coisa, mas com perda da eficácia da referida execução na hipótese de revogação da tutela precária que a sustentava.

Mesmo deixando de lado as considerações meramente jurídicas e fazendo-se um exercício exclusivamente ancorado no senso comum, não parece ser razoável ou equânime que uma obrigação revogada, porque considerada injusta ou inadequada pelo Estado-Juiz possa justificar a atribuição de incidência de multa pelo seu descumprimento quando, de forma precária, a tutela a exigia.

A eventual desobediência momentânea de uma tutela que veiculava uma obrigação que não se sustentou em juízo exauriente não pode ser mais grave do que uma decisão judicial que inadequadamente a atribuiu, em juízo provisório.

---

(110) TALAMINI, 2003. p. 259/260.

Traçando um paralelo com fatos cotidianos da vida, imaginemos o seguinte exemplo: um pai castiga seu filho por este não ter feito a lição de casa. O filho, contrariado pela decisão, recusa-se a cumprir o castigo, fundamentando que referida tarefa não havia sido exigida pelo respectivo professor. Posteriormente, o pai constata a correição da informação prestada pelo filho, mas lhe aplica outro castigo por tê-lo desobedecido, ainda que sua ordem fosse descabida. Ora, seria equânime, justo, razoável penalizar este filho por ter se recusado a se submeter ao primeiro castigo, quando, "em juízo exauriente", demonstrou-se que não havia praticado qualquer conduta que justificasse tal punição? Não seria interpretada como, no mínimo, arrogante a conduta de um pai em punir seu filho por desobediência a sua ordem, mesmo ciente de que referida ordem teria partido de premissa equivocada (a suposta conduta irregular do filho em não fazer a lição de casa)?

Da mesma forma que o papel de um pai é educar seu filho (e não castigá-lo), a atribuição do poder jurisdicional é aplicar a justiça, e não simplesmente punir seu jurisdicionado, pelo simples fato de ter descumprido uma ordem que não prevaleceu em juízo exauriente.

O poder conferido ao magistrado não é exercido em proveito próprio, mas em proveito dos jurisdicionados, razão pela qual o exercício do poder estatal é sempre um dever, e não uma faculdade do aplicador do direito.[111] Como bem afirma *Teresa Arruda Alvim Wambier* e *José Manoel Arruda Alvim Neto*, imediatamente antes de defender a execução provisória das astreintes até a penhora, com a consequente perda da eficácia da referida execução em caso de revogação da tutela precária:

> *"são comuns casos em que se concedem liminares, afrontando escancaradamente jurisprudência dominantes dos Tribunais superiores, liminares estas que, fatalmente, serão cassadas por decisões definitivas, ou mesmo, antes disso, reformadas pela via recursal. E o jurisdicionado teria, assim mesmo, de cumpri-las sob pena de multa?".*

Constata-se, portanto, que a jurisprudência trabalhista está em perfeita coadunação com o Processo do Trabalho em seu viés de busca da efetividade e do acesso à Justiça ao permitir a execução provisória das astreintes, até a realização da penhora, em compasso com o art. 899 da CLT, mas tornando nula referida execução na hipótese de revogação da tutela provisória que a sustentava, podendo, inclusive, ser repetido o indébito se a execução provisória já houvesse sido satisfeita.

---

(111) WAMBIER, Teresa Arruda Alvim. Revista de Processo 2006, *REPRO* 142, Ano 31, São Paulo: Editora dos Tribunais, p. 14.

Conclusões

A busca da efetividade da Justiça estimula cada vez mais a prolação de decisões judiciais que tenham eficácia provisória, veiculando a condenação de astreintes em caso de descumprimento no que diz respeito a obrigações de fazer e não fazer. No Processo do Trabalho, podem ser verificadas tais situações tanto em tutelas provisórias como também em decisões definitivas que tenham sido impugnadas por recurso que não tenha efeito suspensivo, hipótese comumente encontrada na seara trabalhista.

Não foi por outra razão que os legisladores brasileiros, atentos a esse movimento consubstanciado na busca da chamada efetividade do processo, propiciaram a reforma processual, inspirada no movimento reformista de gênese neoconstitucional, focada na busca do acesso à Justiça e na efetividade do processo, as chamadas tutelas específicas de obrigação de fazer e não fazer, de inspiração mandamental, verificada nos arts. 461 e 461-A, do CPC, introduzidas e modificadas no nosso ordenamento jurídico através da promulgação das Leis ns. 8.952/94 e 10.444/2002.

Referido modelo de tutela é inovador no nosso ordenamento jurídico, na medida em que não só dá ensejo a atos executivos, como também têm a chamada força mandamental. As sentenças mandamentais contêm ordem a ser atendida pelo réu, sob pena de lhe ser aplicada medida coercitiva, podendo ser multa ou prisão, ou até mesmo configurar crime de desobediência. Seu grande diferencial é a imediatidade de seu efeito.

No caso de deveres de fazer, não fazer e entregar coisas infungíveis, o provimento mandamental é a única via processual de que pode recorrer o credor para impelir o devedor a cumprir a ordem judicial. Na hipótese de tais deveres serem fungíveis, ainda que o provimento condenatório seja viável, eis que possível a sub-rogação da tutela condenatório-executiva, o sistema implantado pelo art. 461 do CPC impõe a prevalência da via mandamental, seguindo a seguinte ordem preferencial: (1) impelir o réu ao cumprimento do dever específico; (2) não sendo possível, assegurar o resultado prático correspondente ao adimplemento; (3) e como última hipótese, em caráter excepcional, a conversão em perdas e danos.

É nítido, portanto, o caráter do qual se reveste o dispositivo contido no art. 461 do CPC no sentido de impor ao réu o cumprimento do exato bem de vida que seria concretizado caso houvesse a estrita observância dos deveres de fazer e de não fazer impostos pela ordem judicial.

As medidas coercitivas atinentes ao estímulo do cumprimento das obrigações de fazer, não fazer e entregar coisa são configuradas pela multa (§ 4º, art. 461), assim como as medidas de apoio previstas em rol meramente exemplificativo no § 5º do art. 461 do CPC, quais sejam, a busca e apreensão, a remoção de pessoas e coisas, o desfazimento de obras, o impedimento de atividade nociva etc.

Abordou-se neste estudo a medida coercitiva mais frequentemente utilizada pelo Estado-juiz, a multa por descumprimento de obrigação de fazer e não fazer, e de entrega de coisa, as chamadas astreintes.

Observa-se da natureza jurídica da astreinte que seu objetivo não reside na esfera do direito material, nos interesses que envolvem a relação entre particulares, mas fundamentalmente é ferramenta que visa estimular o cumprimento da ordem judicial, visando buscar a efetividade do processo. Não tem natureza ressarcitória. O objetivo não é reparar o dano, mas forçar o réu a adimplir.

Portanto, as astreintes constituem medida coercitiva visando ao adimplemento da ordem judicial, através da coação psicológica sobre o devedor, para que observe o direito do credor. Não tem caráter compensatório, indenizatório ou sancionatório, mas cunho intimidatório, para obter do próprio réu o específico comportamento pretendido pelo autor e determinado pelo magistrado. É medida coercitiva de cumprimento da ordem judicial.

A questão central deste trabalho residiu justamente na investigação quanto à possibilidade de se promover a execução provisória das astreintes decorrentes do inadimplemento da obrigação de fazer, não fazer ou entregar coisa, notadamente no processo do trabalho.

Defendeu-se neste trabalho a correição da posição jurisprudencial trabalhista, já fortemente consolidada, através de diversas decisões proferidas em sede de SBDI-1, do EGRÉGIO TRIBUNAL SUPERIOR DO TRABALHO, no sentido da prevalência da tese no tocante à possibilidade de execução provisória das astreintes, mas com revogação da execução no caso de reforma da decisão precária, em compasso com o que intitulamos de "segunda corrente" (item 4.3 supra).

Este estudo já teve a oportunidade de discorrer a respeito da tendência de busca da efetividade do processo, como meio de obtenção do acesso à Justiça. Destacou-se o caráter público do direito processual mesmo quando instrumento de solução de conflitos de natureza individual, eis que vislumbrado o interesse público estatal na busca da solução de conflitos, através da aplicação do direito e, consequentemente, na realização da justiça.

No Processo do Trabalho, essa tendência é a mesma, senão mais acentuada, dada a natureza alimentar das verbas trabalhistas, além de ser totalmente coincidente com os ideais do que se transformou no chamado neoconstitucionalismo, na medida em que há perfeita coadunação com o compromisso da Justiça do Trabalho com a equidade, na esteira do art. 8º da CLT.

Essa nova postura advinda da chamada constitucionalização do direito do trabalho, portanto, busca dar maior proteção aos direitos fundamentais dos trabalhadores. Na eventual colisão entre os direitos dos trabalhadores e dos empregados, o aplicador da norma jurídica deverá, no caso concreto, socorrer-se do princípio da proporcionalidade, segundo o qual se defende a ocorrência de um certo equilíbrio entre os benefícios que se obtêm pela proteção ao direito e os eventuais prejuízos a serem experimentados pela parte que sofrer a intervenção do aplicador do direito.

No caso da colisão entre o princípio do acesso à Justiça (do empregado) e a segurança jurídica (do empregador), o aplicador do direito trabalhista é uníssono ao atribuir valor maior à justiça, ainda mais quando se aborda a justiça social. Daí por que se prestigiar a simplicidade, a celeridade e a oralidade.

Ao se aplicar o princípio da proporcionalidade ao direito do empregado, consubstanciado no acesso à Justiça (através da execução imediata dos meios coercitivos que estimulem o cumprimento de tutela jurisdicional) em contraponto ao do empregador, calcado na segurança jurídica de que não se promova provisoriamente uma multa por descumprimento de uma ordem de fazer, não fazer ou entregar coisa, diante da possibilidade de reversão de tal decisão *a posteriori*, nessa ponderação de princípios, o da segurança jurídica terá que ceder, no caso concreto, para se evitar um mal maior, qual seja, a negação ao princípio do acesso à Justiça, como corolário da proteção dos direitos fundamentais do trabalhador.

Portanto, é totalmente adequada ao direito processual do trabalho a execução provisória das astreintes decorrentes do inadimplemento das obrigações de fazer, não fazer ou entregar coisa, sendo uma resposta positiva e mais coadunada com o direito do trabalho em sua visão neoconstitucional e com a ideia de se buscar maior efetividade às decisões judiciais.

Em se tratando de execução provisória, há que seguir a regra prevista expressamente no art. 899 da CLT, vale dizer, permitindo-se que a execução prossiga até a realização da penhora, já que não se aplica subsidiariamente ao direito processual do trabalho o art. 475-O, do CPC, conforme anteriormente já foi demonstrado.

Na hipótese de revogação da decisão provisória que determinava a incidência das astreintes decorrentes do inadimplemento da obrigação de fazer, não fazer ou entregar coisa, a decisão judicial superveniente terá efeito *ex tunc*, tornando-se sem efeito a execução da multa coercitiva. Esta posição que, como já se observou acima (item 5.4 supra), é a adotada pelo Egrégio Tribunal Superior do Trabalho, parece-nos a mais coerente a ser defendida.

Com efeito, observando-se que o destinatário da execução das astreintes é o próprio empregado autor, não faria sentido, sob pena de se lhe provocar enriquecimento sem causa, em detrimento do empregador, destinar-lhe a multa por descumprimento de uma obrigação que, em juízo exauriente, tornou-se inadequada. Assim, ao demonstrar o réu, através do julgamento do mérito, que sua resistência em cumprir a obrigação de fazer, não fazer ou entregar coisa era legítima, a multa desaparecerá retroativamente, tornando-se nula a execução provisória das astreintes.

Assim, se, em caráter definitivo, o órgão jurisdicional confirmou a inexistência do direito objeto da demanda, não há como se justificar a prevalência da multa que servia justamente para induzir o cumprimento de uma obrigação que tenha sido declarada inexistente pelo próprio Estado-Juiz.

Portanto, parece-nos absolutamente coerente com a chamada visão constitucionalista do direito do trabalho a admissão da possibilidade de execução provisória das astreintes em decorrência de descumprimento de obrigação de fazer, não fazer ou entregar coisa, mas com perda da eficácia da referida execução na hipótese de revogação da tutela precária que lhe dava escopo.

Constatou-se, finalmente, que a jurisprudência trabalhista está em perfeita coadunação com o processo do trabalho em seu viés de busca da efetividade e do acesso à Justiça ao permitir a execução provisória das astreintes, até a realização da penhora, em compasso com o art. 899 da CLT, mas tornando nula referida execução na hipótese de revogação da tutela provisória que a sustentava.

Referências Bibliográficas

ALEXY, Robert. *Teoria dos direitos fundamentais*. São Paulo: Malheiros, 2008.

AMARAL, Júlio Ricardo de Paula. *Eficácia dos direitos fundamentais nas relações trabalhistas*. São Paulo: LTr, 2007.

ARENHART, Sérgio Cruz. *A doutrina brasileira da multa coercitiva — três questões ainda polêmicas*. Disponível em: <http://www.academia.edu/214439/A_DOUTRINA_BRASILEIRA_DA_MULTA_COERCITIVA_-_TRES_QUESTOES_AINDA_POLEMICAS>, consultado em 31 de outubro de 2013.

ASSIS, Araken de. *Manual da Execução*. 13. ed. São Paulo: Revista dos Tribunais, 2010.

BEDAQUE, José Roberto dos Santos. *Tutela cautelar e tutela antecipada: tutelas sumárias e de urgência*. São Paulo: Malheiros, 1998.

BUENO, Cássio Scarpinella. *Direito processual civil — tutela jurisdicional executiva — volume 3*. São Paulo: Saraiva, 2012.

CABANELLAS, Guillermo. *Diccionario enciclopedido de derecho usual — Tomo I A –B*. 12. ed. 1979, Buenos Aires: Heliasta S.R.L.

CARRAZZA, Roque Antonio. *Curso de direito constitucional tributário*. 5. ed. São Paulo: Malheiros Editores, 1993.

COSTA, Marcelo Freire Sampaio. *Execução provisória nas ações coletivas trabalhistas*. São Paulo: LTr, 2012.

DINAMARCO, Candido Rangel. *Instituições de direito processual civil IV*. 3. ed. São Paulo: Malheiros, 2009.

DWORKIN, Ronald. *O império do direito*. São Paulo: Martins Fontes, 2003.

FRANÇA, R. Limongi. *Teoria e prática da cláusula penal*. São Paulo: Saraiva, 1988.

FREUD, Sigmund. *O Mal-Estar na Civilização*. São Paulo: Penguin Classics Companhia das Letras, 2011.

GIGLIO, Wagner D. *Direito Processual do Trabalho*. 14. ed. São Paulo: Saraiva, 2005.

KELSEN, Hans. *O que é Justiça? A Justiça, o Direito e a Política no espelho da ciência*. São Paulo: Martins Fontes, 2001.

LAURINO, Salvador Franco de Lima. *Tutela jurisdicional: cumprimento dos deveres de fazer e não fazer.* São Paulo: Elsevier, 2010.

LEITE, Carlos Henrique Bezerra. *Curso de direito processual do trabalho.* 9. ed. São Paulo: LTr, 2011.

LIMA, Francisco Gérson Marques de. *Fundamentos do Processo do Trabalho.* São Paulo: Malheiros, 2010.

LOBO, Luiz Felipe Bruno. *A antecipação dos efeitos da tutela de conhecimento no direito processual civil e do trabalho.* 1. ed. São Paulo: LTr, 2000.

_____. *Comentários ao CPC no processo do trabalho, Arts. 270 ao 475 — Tomo II.* São Paulo: LTr, 1997.

LUCON, Paulo Henrique dos Santos. *Eficácia das decisões e execução provisória.* São Paulo: RT, 2000.

MANUS, Pedro Paulo Teixeira. *Execução de sentença no processo do trabalho.* 3. ed. São Paulo: Atlas, 2008.

_____ ; ROMAR, Carla Teresa Martins. *CLT e legislação complementar em vigor.* 8. ed. São Paulo: Atlas, 2010.

MARINONI, Luiz Guilherme. *Tutela inibitória: individual e coletiva.* 3. ed. São Paulo: Revista dos Tribunais, 2003.

MARQUES DE LIMA, Francisco Gérson. *Fundamentos do processo do trabalho.* São Paulo: Malheiros, 2010.

MARTINS, Ricardo Marcondes. *Abuso de direito e a constitucionalização do direito privado.* São Paulo: Malheiros, 2010.

MARTINS, Sergio Pinto. *Direito Processual do Trabalho.* 34. ed. São Paulo: Atlas, 2013.

MOREIRA, José Carlos Barbosa. *O novo Processo Civil Brasileiro: exposição sistemática do procedimento.* 26. ed. rev. e atual. Rio de Janeiro: Forense, 2008.

MULLER, Friedrich. *Teoria estruturante do direito.* São Paulo: Revista dos Tribunais, 2008.

NASCIMENTO, Amauri Mascaro. *Curso de Direito Processual do Trabalho.* 26. ed. São Paulo: Saraiva, 2011.

OLIVEIRA, Francisco Antonio de. *Manual de Processo do Trabalho.* 3. ed. São Paulo: Revista dos Tribunais, 2005.

PINTO, José Augusto Rodrigues. *Execução trabalhista: estática, dinâmica, prática.* 10. ed. São Paulo: LTr, 2004.

ROSENBERG, Leo. *Tratado de Derecho Procesal Civil — Tomo III — La Ejecución Forzosa.* Buenos Aires: Ediciones Juridicas Europa-America, 1955.

SCHIAVI, Mauro. *Execução no processo do trabalho.* São Paulo: LTr, 2008.

SILVA, José Afonso da. *Curso de direito constitucional positivo.* 13. ed. São Paulo: Malheiros Editores, 1997.

SPADONI, Joaquim Felipe. *Ação inibitória, a ação preventiva prevista no art. 461 do CPC.* 2. ed. São Paulo: Editora dos Tribunais, 2007.

TALAMINI, Eduardo. *Tutela relativa aos deveres de fazer e não fazer: e sua extensão aos deveres de entrega de coisa (CPC, arts. 461 e 461-A, CDC, art. 84)*. 2. ed. São Paulo: Editora dos Tribunais, 2003.

TEIXEIRA FILHO, Manoel Antonio. *Execução no Processo do Trabalho*. 8. ed. São Paulo: LTr, 2004.

THEODORO JUNIOR, Humberto. *Curso de direito processual civil — processo de execução e cumprimento de sentença, processo cautelar e tutela de urgência*. 41. ed. Rio de Janeiro: Forense, 2007.

WAMBIER, Luiz Rodrigues; TALAMINI, Eduardo. *Curso avançado de processo civil — 2. Execução*. 11. ed. São Paulo: RT, 2010.

WAMBIER, Teresa Arruda Alvim. Revista de Processo 2006, *REPRO 142*. Ano 31. Editora dos Tribunais.

ZAVASCKI, Teori Albino. *Antecipação de tutela*. 7. ed. São Paulo: Saraiva, 2009.